Beratung im Fokus

Reihe herausgegeben von
Josef Herget, Research & Solutions
Excellence Institute
Wien, Österreich

Robert Bodenstein, Infomanagement
Unternehmensberatung
Wien, Österreich

Die Reihe Beratung im Fokus adressiert aktuelle Themen aus dem Umfeld der Beratung. Inhaltlich wird ein weiter Bogen gespannt: Es werden neue Branchenentwicklungen thematisiert, aktuelle Trends aufgegriffen, innovative Methoden vorgestellt und neue Themenschwerpunkte reflektiert. Die Themen weisen eine hohe Relevanz für die Profession der Unternehmensberater, Coaches und Trainer auf. Neben den Beratern selbst gewinnen ebenso die Nutzer von Beratungsleistungen einen Einblick in die Arbeitsweise und aktuelle Herausforderungen der Beratungsbranche. Die Reihe hat den Anspruch praxisrelevant, umsetzungsorientiert und innovativ in der Auswahl und Aufbereitung der Reihentitel zu sein.

Isabella Mader

Wissensmanagement erfolgreich umsetzen

Praxisleitfaden mit Self-Check, Toolselektionshilfe und Toolbox. ISO 9001:2015 konform

 Springer Gabler

Isabella Mader
Excellence Research
Wien, Österreich

ISSN 2731-4952   ISSN 2731-4960 (electronic)
Beratung im Fokus
ISBN 978-3-662-66762-0   ISBN 978-3-662-66763-7 (eBook)
https://doi.org/10.1007/978-3-662-66763-7

Die Deutsche Nationalbibliothek verzeichnet diese Publikation in der Deutschen Nationalbibliografie;
detaillierte bibliografische Daten sind im Internet über http://dnb.d-nb.de abrufbar.

Springer Gabler

Planung/Lektorat: Christine Sheppard
Springer Gabler ist ein Imprint der eingetragenen Gesellschaft Springer-Verlag GmbH, DE und ist ein
Teil von Springer Nature.
Die Anschrift der Gesellschaft ist: Heidelberger Platz 3, 14197 Berlin, Germany

Vorwort

Wissen ist die zentrale Ressource moderner Volkswirtschaften. Für Unternehmen ist der Umgang mit dieser Ressource essenziell für ihre Zukunftsfähigkeit. Allerdings wurde das bewusste Managen des Wissens erst sehr spät als eine wichtige betriebliche Aufgabe erkannt. Die Verfügbarkeit von Wissen wurde lange als selbstverständlich betrachtet, eine gezielte Beschäftigung mit den optimalen Bedingungen zu seiner Verfügbarkeit und Nutzung als nicht notwendig erachtet. Eine gesonderte Zuständigkeit für das Wissensmanagement in Unternehmen gab es noch vor 20 Jahren in der betrieblichen Praxis kaum. Das hat sich nun wesentlich geändert. Das Wissensmanagement ist zwischenzeitlich erwachsen geworden. Ein gewaltiger Professionalisierungsschub setzte in den letzten Jahrzehnten ein. Wissensmanagement ist endlich in der Praxis angekommen – könnte man meinen. Ist es das wirklich? Immerhin scheint in der Unternehmenspraxis mittlerweile unumstritten zu sein, das Wissen und der Umgang mit dieser Ressource zu den kritischen Erfolgsfaktoren zu zählen. Der bisherige Weg war und ist allerdings noch von zahlreichen Stolpersteinen gesäumt. Die Technik hat kurzzeitig den Begriff gekapert und schnelle Lösungen versprochen. Die Ernüchterung in der Praxis hat sich jedoch rasch eingestellt. Im Arbeitsalltag konnten häufig nicht jene Produktivitätssteigerungen lukriert werden, die angestrebt wurden. Der methodische Ansatz, wie man die sensible Ressource Wissen von den Mitarbeitenden für die Mitarbeitenden am besten organisiert, war zu kurz gegriffen oder wurde schlicht vollständig vernachlässigt. Das Repertoire geeigneter Instrumente ist zwar weitgehend bekannt, es fehlte aber lange ein abgesichertes Framework, das die einzelnen Puzzlestücke des Wissensmanagements optimal aufeinander und auf die Geschäftsstrategie abstimmt und in diese integriert. Denn eines ist klar: Wissensmanagement fängt bei den Wissensträgern an und endet auch bei diesen, indem die zahlreichen vorhandenen Kompetenzen, Erfahrungen und das umfangreiche informelle Wissen verknüpft werden.

Wissensmanagement kann nicht mit Technologie allein gelöst werden. Ohne eine systematische, nachvollziehbare Vorgehensweise und ohne die Einbeziehung repräsentativer Stakeholder gehen sämtliche Initiativen zur Optimierung des Wissensflusses fehl. Das Buch von Isabella Mader setzt genau hier an. Es bietet eine kompakte Orientierung zum Thema Wissensmanagement und dessen Gestaltungsmöglichkeiten. Systematisches Vorgehen steht dabei im Vordergrund – und das ist die besondere Stärke dieses Buches. Neben der Einbeziehung des wissenschaftlichen State of the Art integriert es auch die zahlreichen Erfahrungen, die die Autorin in vielfältigen Projekten in und mit der Praxis gewonnen hat. Der entstandene Leitfaden kann sowohl von internen und externen Beratern als auch von den zuständigen Fachleuten in der Organisationsund Personalentwicklung genutzt werden. Gleichzeitig bietet das Buch aber auch dem Management selbst zahlreiche umsetzbare Hinweise, wie sie Wissensmanagement in ihrer Organisation und in ihrem Team erfolgversprechend verankern können. Die mitgelieferte Toolbox ordnet die zahlreichen Instrumente in einen Kontext ein und die Toolselektionshilfe hilft bei der Auswahl entsprechender Instrumente, die eine nachhaltige Verbesserung des eigenen Wissensmanagements ermöglichen.

Das Buch stellt einen Meilenstein in der Entwicklung von Wissensmanagement dar: Es kann als das Werkzeug dienen, mit dem Strategien und Konzepte zum Management von Know-how mit Leben gefüllt werden können. Wissensmanagement kommt damit endlich in der Praxis an. Isabella Mader liefert dazu einen wichtigen und entscheidenden Beitrag. Die Leser werden es sicherlich zu schätzen wissen.

Prof. Dr. Josef Herget

Inhaltsverzeichnis

1

Zur Einführung: Warum dieses Buch?

1995:
„Kann ich dich etwas fragen?"
„Schön dich zu sehen! Komm herein, setz dich. Kaffee?"
2022:
„Nur ganz kurz …"
„Lasst mich doch endlich arbeiten!"

Die Menge an Wissen und Informationen im Arbeitskontext hat sich in den letzten Jahrzehnten dramatisch verändert. Wir gehen im Kommunikationsstress und in der Informationsflut unter, die Produktivität von Wissensarbeitern bleibt deutlich hinter den Erwartungen, unproduktive Meetings und Unterbrechungskultur lähmen Expertinnen und Experten. Das Fazit: Unsere Arbeitsmethoden, unsere Prozesse und Strukturen, unser Informations- und Kommunikationsverhalten sind für diese neuen Realitäten nicht mehr adäquat. Was tun? Wir brauchen neue Konzepte und neue Lösungen, um Wissensarbeit im 21. Jahrhundert produktiv zu machen. Diese werden Sie in diesem Buch finden.

Die Herausforderung des 20. Jahrhunderts war die Steigerung der Produktivität manueller Arbeit, während der wichtigste Beitrag von Ma-

© Der/die Autor(en), exklusiv lizenziert an Springer-Verlag GmbH, DE, ein Teil von Springer Nature 2023
I. Mader, *Wissensmanagement erfolgreich umsetzen*, Beratung im Fokus,
https://doi.org/10.1007/978-3-662-66763-7_1

nagement im 21. Jahrhundert sein wird, die Produktivität der Wissensarbeit zu erhöhen, schrieb Peter Drucker (1999) in der ersten Auflage
seines Werks „Management Challenges for the 21st Century". Produktivität – insbesondere die Produktivität von Wissensarbeit und Know-how,
unsere Innovationskraft und Freude sollen zurückgewonnen oder erhalten werden. Zukunft will gestaltet werden. Es geht um nichts weniger
als um die Leistungsfähigkeit, die Gesundheit und die Zukunftsfähigkeit
der Organisation und ihrer Mitglieder – und darum, wie wir all dies gemeinsam sicherstellen. Im großen Zusammenhang zeigt sich, dass wir vor
der Herausforderung einer ganzen Generation stehen, das industrie-
gesellschaftliche Mindset und dessen Arbeitsorganisation zu überwinden,
weil es uns lähmt und ausbrennt. Dazu müssen wir Zusammenarbeit und
Wissensarbeit so anpassen, dass die Zukunft jene Erfolgsgeschichte ge-
nutzten Wissens, generierten Wohlstands und inspirierender Arbeitskultur wird, die einer Gesellschaft des 21. Jahrhunderts würdig ist.

Warum jetzt ein Buch über Wissensmanagement?
Die Disziplin Wissensmanagement hat inzwischen einen Entwicklungs-
stand erreicht, der es erlaubt, Wissens-, Informations- und Produktivitätsprobleme von Organisationen systematisch zu lösen. Die Disziplin ist
gereift. Überwiegend noch nicht die Praxis.

> Auf die Frage, weshalb Einstein seinen Studierenden jedes Jahr das glei-
> che Examen gab, antwortete er: „Die Antworten haben sich geändert."
> (Tracy, 2015)

Der Anspruch, Wissensarbeit produktiv zu machen, wurde bislang nicht
flächendeckend eingelöst. Mit Informations- und Kommunikationsverhalten der 1970er oder auch der 1990er verschlimmern wir unsere Situ-
ation inmitten von Informationsflut aktuell noch, legen einander mit
Unterbrechungskultur lahm, verlangsamen unsere Organisationen mit
künstlich überzüchteten (internen und externen) Regelwerken immer
mehr und brennen sie aus. Bei jährlich verdoppelten Informationsmengen arbeiten wir mehr und schneller – bis zur Erschöpfung, obwohl
sich diese Rechnung ohnehin nie ausgehen wird. Mehr Mitarbeiter als

Lösung? Eine jährliche Verdoppelung der Belegschaft? Nicht realistisch, nicht sinnvoll. **Wir müssen nicht mehr und nicht schneller arbeiten, sondern anders.**

Die Fragen sind die gleichen geblieben. Die Antworten müssen sich ändern. Die Hoffnung, dass uns die Informationstechnologie retten wird, ist enttäuscht worden: Die Prozessorgeschwindigkeit vermehrt sich um ein Vielfaches im Vergleich zur Vermehrung der Informationsmengen und wir suchen so lange nach Informationen wie vor 20 Jahren. Mit Beschleunigung ist auch dieser Wettlauf nicht zu gewinnen. Könnte Digitalisierung die Rettung bringen? Dann nicht, wenn wir Papier-Prozesse 1:1 zu digitalen Workflows machen, statt die Prozesse selbst zu überdenken und neu zu ordnen.

Wo liegt nun eigentlich das Problem? Eine der Schlüssel-Ressourcen des 21. Jahrhunderts liegt also in Information und Wissen. Stehen wir da überwiegend bei reaktiv und systematisch optimiert? Machen wir Wissensmanagement „so nebenbei mit" statt es proaktiv zu betreiben, sodass es eine veritable Rendite bringt? Ertappt?

Die Lösung liegt in einer systematischen Vorgehensweise, in der Professionalisierung des Wissens- und Informationsmanagements, in neuen Antworten auf neue Herausforderungen.

Dennoch hadern bis heute viele Organisationen damit, das organisationskritische Wissen angemessen verfügbar und produktiv zu machen und zu nutzen. Nach so langer Zeit sollte ein Management-Thema eigentlich als gelöst gelten können, wie das etwa auch bei Prozessmanagement, Qualitätsmanagement oder Risikomanagement der Fall ist. Bei Wissensmanagement hingegen scheint in vielen Organisationen der Bedarf dringender zu werden. Von „Problem gelöst" kann in vielen Fällen keine Rede sein. Bis heute führen viele Organisationen unzusammenhängend ein Tool oder eine Methode nach der anderen ein, beliebig und ohne Bedarfserhebung. Schließlich werden die intendierten Ziele nicht erreicht (falls es überhaupt welche gab). Kollaborationsplattformen und sogenannte „Wissensmanagement-Datenbanken", die ein einsames Dornröschen-Dasein fristen, sind an der Tagesordnung.

Typische Herausforderungen im Wissensmanagement heute im Schnelldurchlauf

Wissensverlust: Während wir annehmen, dass alles Wissen dokumentierbar oder recherchierbar wäre, geht organisationskritisches Wissen in Pension oder zur Konkurrenz.

Unterbrechungskultur: Wir gehen mit einem Informationsverhalten der 1970er oder der 1990er in eine Arbeitsumgebung der 2020er-Jahre und entwickeln Tools, die noch mehr Unterbrechungen generieren. Mit unnötigen Unterbrechungen verdoppeln wir die Fehlerrate (Altmann et al. 2013) und konsumieren ohne Mehrwert bis zu 40 Prozent der Tagesarbeitszeit (Brown 2014; BAuA 2019; Baethge und Rigotti 2013). 40 Prozent!

Informationsflut: Wir erhöhen die Informationsmengen, um Rückfragen zu reduzieren, und erreichen das Gegenteil: mehr Rückfragen, schlechtere Entscheidungen, mehr Fehler (Altmann et al. 2013; Roetzel 2019; Udemy 2018; Mark et al. 2005).

Suchzeiten: Wir suchen im Durchschnitt der Büroarbeit eine bis drei Stunden (!) pro Person und Tag nach Informationen (Starmind 2021; Zapier 2021). Mit geeignetem Informationsmanagement wird Suchzeit zu einer vernachlässigbaren Größe (Verberne et al. 2019). Dieses Buch betrachtet deshalb Informationsmanagement mit.

Zusammenarbeitskultur: Die Liste der Probleme beginnt mit unproduktiven Meetings und endet im Konkurrenzverhalten von Bereichen und Personen (Udemy 2018; Zapier 2021).

Tool-Inflation: Wir wechseln hunderte Male pro Tag zwischen 35 verschiedenen Applikationen: Dieses haarsträubende Ergebnis von 5 Millionen analysierten Arbeitsstunden in einer Pega-Studie aus 2018 lässt alle Alarmglocken schrillen (Pega 2018).

Wie kann nun Wissensmanagement helfen?

Zeitgemäßes Wissensmanagement

- ist von der Gesamtstrategie einer Organisation abgeleitet,
- wird prinzipiell gemeinsam erarbeitet,

- stellt systematisch mithilfe eines Self-Checks und im Wege über Diskussion (nicht über das Bilden von Mittelwerten!) die konkreten Bedarfe fest,
- wählt mithilfe einer Tool-Selektionshilfe passende Methoden aus,
- wird in die Prozesse integriert und wird damit Teil der laufenden Aufgaben,
- stiftet messbaren Nutzen.

Wie geht dieses Buch vor?

Wenn Sie Berater sind oder wenn Sie ein Wissensmanagement-Projekt intern leiten, bietet dieses Buch – neben dem erprobten Knowledge-Excellence-Vorgehensmodell für die Einführung und den Betrieb von Wissensmanagement – einen fundierten fachlichen Hintergrund zu Wissens- und Informationsmanagement, der für Management-Entscheidungen, für Beratung und Projektleitung relevant ist. Dieses Hintergrundwissen erlaubt einerseits, die Vielfalt der betrieblichen Herausforderungen im Wissensmanagement beurteilen und einordnen zu können und andererseits, Mitarbeitende geeignet mitzunehmen, auf Vorbehalte eingehen und Hintergründe erklären zu können. Nach der fachlichen Einführung ins Wissensmanagement wird in diesem Buch das Vorgehensmodell für die Einführung und den laufenden Betrieb von Wissensmanagement in der Praxis erläutert.

Kap. 2 bietet eine Übersicht über die in diesem Buch verwendeten Begriffe, beginnend bei **Information und Wissen** bis hin zu Kompetenz, sowie über die Rolle von Wissen in Organisationen gestern und heute. Darauf aufbauend widmet sich dieses Kapitel den mit diesen Grundbegriffen verbundenen Konzepten, insbesondere **Informationsmanagement, Wissensmanagement** und dessen Weiterführung im neuen Arbeiten (**New Work**). Polanyi und Drucker formulierten als frühe Vordenker von Wissensmanagement den Anspruch führender Organisationen des 21. Jahrhunderts, Wissensarbeit produktiv zu machen und daraus einen Vorteil im Wettbewerb, bei Reaktionsschnelligkeit und bei Innovation zu erzielen. Während modernes Wissensmanagement gereift ist und diesen Anspruch längst einlösen kann, befinden sich viele Organisationen und

Menschen immer noch in der Defensive und gehen in Informations- und Kommunikationsflut unter.

Kap. 3 widmet sich dem Thema von **Wissen als Wettbewerbsfaktor** und den typischen Problemen, die dabei heute konkret im betrieblichen Alltag auftauchen. Kap. 3 stellt auch die Frage, was es braucht, um wieder in die proaktive Gestaltung zu kommen. Dazu betrachtet es empirisch validierte **Erfolgsfaktoren** aus über 100 Wissensmanagement-Projekten.

Wissensmanagement steht auf den Schultern vieler Disziplinen. Kap. 4 wirft einen Blick darauf, welche Grundlagen Eingang in den Stand und die Praxis von Wissensmanagement heute genommen haben, von der Psychologie über Neurowissenschaften und Verhaltensökonomie bis zur Arbeitsforschung.

Schritt für Schritt begleitet schließlich Kap. 5 Expertinnen und Experten, die beraten oder die organisationsintern arbeiten, als **Leitfaden** durch die Phasen der **Umsetzung** von erfolgreichem Wissensmanagement. Das Vorgehen nach dem **Knowledge-Excellence-Modell** unterstützt auch den seit der **ISO 9001:2015** hinzugekommenen Wissensmanagement-Teil der Zertifizierung. Das Knowledge-Excellence-Vorgehensmodell ist konsequent in allen Phasen agil gehalten, was vermutlich für die positive Resonanz und die praktischen Umsetzungserfolge verantwortlich ist. Umfangreiche Vorlagen, wie beispielsweise ein kompletter **Self-Check** und eine **Tool-Selektionshilfe, die Sie dabei unterstützen werden,** ergänzen dieses Kapitel.

Die umfangreiche **Toolbox** als ein Herzstück dieses Buches in Kap. 6 beschreibt Methoden kurz und übersichtlich. In vielen Fällen sind sie durch Vorlagen ergänzt.

Ob Konzern oder KMU, ob Infrastruktur, Industrie oder Gewerbe, ob Privatwirtschaft oder öffentliche Hand: In Kap. 7 finden sich eine Reihe von **Best-Practice**-Anwendungen zur Inspiration, mit vielen guten Ideen für die Praxis, die zeigen, wie wichtig das konsequent bedarfsorientierte Vorgehen tatsächlich ist, und wie viel Nutzen und Begeisterung damit generiert werden kann.

Wie geht es weiter? In Kap. 8 widmen wir uns Gedanken zur Weiterentwicklung und der **Zukunft von Arbeit.** Allen diesen Konzepten gemeinsam ist eine Idee: Gestalten wir die Gesellschaft und Organisationen von morgen doch konsequent gemeinsam!

Literatur

Altmann, E. M., Trafton, J. G., Hambrick, D. Z (2013) Momentary Interruptions Can Derail the Train of Thought. Journal of Experimental Psychology: General 2014, Vol. 143, No. 1. 215–226. https://doi.org/10.1037/a0030986

Baethge, A., Rigotti, T (2013) Auswirkung von Arbeitsunterbrechungen und Multitasking auf Leistungsfähigkeit und Gesundheit. Eine Tagebuchstudie bei Gesundheits- und KrankenpflegerInnen. 1. Auflage. Bundesanstalt für Arbeitsschutz und Arbeitsmedizin 2013. Dortmund.

BAuA (2019) Arbeitsunterbrechungen und Multitasking täglich meistern. Bundesanstalt für Arbeitsschutz und Arbeitsmedizin (BAuA). Dortmund. https://doi.org/10.21934/baua:praxis20170914

Brown, E. G (2014) The Time Bandit Solution: Recovering Stolen Time You Never Knew You Had. Cohen Brown Management Group. Los Angeles.

Mark, G., González, V.M., Harris, J. (2005) No task left behind? Examining the nature of fragmented work. Proceedings of the SIGCHI Conference on Human Factors in Computing Systems. https://doi.org/10.1145/1054972.1055017

Pega (2018) Demystifying the desktop: What workforce intelligence reveals about technology and employee productivity. Whitepaper. Pegasystems. Cambridge, MA/USA.

Roetzel, P.G. (2019) Information overload in the information age: a review of the literature from business administration, business psychology, and related disciplines with a bibliometric approach and framework development. Business Research 12. 479–522. https://doi.org/10.1007/s40685-018-0069-z

Starmind (2021) Productivity drain and the urgency of eliminating the endless search for answers. Starmind. Zürich.

Tracy, B. (2015) Business Strategy. AMACOM American Management Association. New York.

Udemy (2018) 2018 Workplace Distraction Report. Whitepaper. Udemy, Inc. San Francisco.

Verberne, S., He, J., Wiggers, G., et al. (2019) Information search in a professional context – exploring a collection of professional search tasks. In: Proceedings of SIGIR, Paris, Frankreich, S. 1–5 (2019) https://doi.org/10.48550/arXiv.1905.04577

Zapier (2021) Meetings aren't killing productivity; data entry is. Whitepaper. Zapier, Inc. San Francisco.

2

Die Welt des Wissens in Organisationen im Wandel

2.1 Begriffsverständnis

Was ist eigentlich Wissen und wie unterscheidet es sich von Information, von Kompetenz? Zu Beginn klären wir die Begriffe wie Information, Wissen und Kompetenz, so wie sie in diesem Buch verstanden werden. Die Begriffsklärung ist nicht dogmatisch zu verstehen – insbesondere Information und Wissen werden von unterschiedlichen Disziplinen durchaus unterschiedlich definiert und besetzt – und das ist natürlich in Ordnung.

2.1.1 Von Information zu Wissen und Kompetenz

Wie kommen wir individuell und als Team von Information bis zur Kompetenz? Sind Daten gleichzeitig auch Information? Wie entsteht eigentlich Wissen? Und wie grenzen wir all diese einzelnen Begriffe gegeneinander ab?

Aufeinander aufbauend ergeben sich durch die Abgrenzung verschiedene Ebenen (Abb. 2.1).

© Der/die Autor(en), exklusiv lizenziert an Springer-Verlag GmbH, DE, ein Teil von Springer Nature 2023
I. Mader, *Wissensmanagement erfolgreich umsetzen*, Beratung im Fokus,
https://doi.org/10.1007/978-3-662-66763-7_2

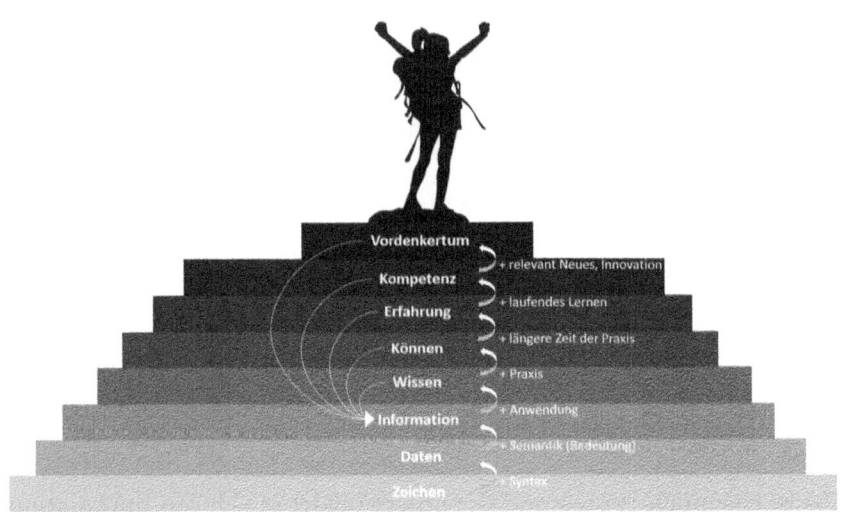

Abb. 2.1   Die Wissenspyramide

Ebene 1: Zeichen

Einzelne, unverbundene Zeichen ohne Zusammenhang bilden die Ausgangsbasis aller höherwertigen Ebenen der Wissenspyramide: Wolf et al. definierten 1999 auf der Basis von Arbeiten von Aamodt und Nygard (1995) eine Wissenspyramide, die von Zeichen über Daten und Information zu Wissen führt und dann weiter zu Aktion (vgl. Aamodt und Nygard 1995; vgl. Wolf et al. 1999; vgl. North 2021).

Ebene 2: Daten

Unter Anwendung einer Syntax – also einer Ordnung, einer Reihenfolge oder eines Regelsystems – werden aus Zeichen nun Daten (Aamodt und Nygard 1995). Diese Definition wurde von North 1998 in seiner Wissenstreppe und von Wolf et al. 1999 in einer Wissenspyramide übernommen (vgl. Wolf et al. 1999; vgl. North 2021). Eine einheitliche Definition von Daten gibt es allerdings bislang nicht. Überwiegend adressiert der Begriff einzelne Fakten oder ein Set von (numerischen) Werten. Um einheitliche Daten-Standards wird noch gerungen, insbesondere hinsichtlich von Datenformaten oder Datenkategorien und auch hinsichtlich deren Verfügbarkeit, Auffindbarkeit, Nachvollziehbarkeit und Zitierfähigkeit. Künftig sollen nicht nur Texte, sondern auch Datenquellen zitierbar werden. Die Diskussion über Zitationsformate ist seit mehreren Jahren im Gange.

Ebene 3: Information

Aus Daten wird unter Hinzufügen eines Bedeutungszusammenhangs (Semantik) in einem nächsten Schritt Information. Auch diese Definition stammt von Aamodt und Nygard (1995) und findet sich später bei Wolf et al. und North (vgl. Aamodt und Nygard 1995; Wolf et al. 1999; North 2021). Zu Information gehören alle expliziten Inhalte, die verschriftlicht sind oder leicht verschriftlicht werden können.

Ebene 4: Wissen

Information wird im Menschen durch praktische Anwendung zu Wissen konstruiert (vgl. Aamodt und Nygard 1995; Wolf et al. 1999; North 2021).

Um Wissen wieder zu Information zu machen, bedarf es der Dokumentation. Der Akt des Dokumentierens lässt Wissen zu Information werden. Wissen kann also nicht direkt von einer Person zur anderen transferiert werden. Für andere ist unser Wissen zuerst nur Information, die sie durch Anwendung in der Praxis wieder in sich selbst zu Wissen konstruieren.

Ebene 5: Können

Um Wissen zu Können zu machen, wird einige Zeit der Praxis benötigt. Nach Abschluss der Einschulung wäre die Stufe von Können erreicht, auf der Individuen ihren Job grundsätzlich selbstständig erledigen können.

Ebene 6: Erfahrung

Nach längerer Zeit der Praxis wird aus Können Erfahrung. Erfahrung bedeutet auch, dass eine Tätigkeit zur Routine geworden ist, wenn sie längere Zeit in gleicher Art ausgeübt wird. Die unterschiedlichen Aufgabenstellungen und typischen Herausforderungen einer Disziplin wurden in der Praxis über längere Zeit selbstständig gemeistert. Erfahrung selbst ist jedoch noch kein Qualitätsmerkmal. Um mit Kurt Tucholsky zu sprechen: „Erfahrung heißt gar nichts. Man kann seine Sache auch 35 Jahre lang schlecht machen."

Ebene 7: Kompetenz
Erst wenn Erfahrung mit laufendem Lernen kombiniert wird, entsteht Kompetenz. Damit können Individuen auch in neuen Situationen passende Lösungen finden und selbstständig gute Entscheidungen treffen. Sie überblicken ihre Disziplin und ihre Aufgabe und entwickeln sie weiter.

Im Handbuch Kompetenzmessung wird wie folgt definiert: Kompetenzen ermöglichen die selbstorganisierte Handlungsfähigkeit in unsicheren, komplexen Situationen, entlang von selbstverantworteten Regeln und Werten als Ordnungsprinzipien (Erpenbeck et al. 2017).

Ebene 8: Vordenkertum
Vordenkertum ist eine Leistung einzelner Individuen, die grundlegend Neues zu einer Disziplin beitragen, welches dann breit zur praktischen Anwendung kommt.

Wenn wir nun Wissen, Erfahrung usw. dokumentieren, entsteht immer nur Information: Weder Wissen noch Können noch Erfahrung und Kompetenz können direkt weitergegeben werden. Sie können nur auf der Basis von Information und praktischer Anwendung aufgebaut werden. Eine „Wissensdatenbank" kann es deshalb nicht geben. Datenbanken können immer nur Daten und Informationen enthalten. Dennoch kann Wissen natürlich so aufbereitet werden, dass andere auf einem höheren Level starten, als sie das ohne diese Informationen getan hätten.

Als Nächstes wollen wir uns der Frage widmen, wie Wissen im Menschen konstruiert und gespeichert wird.

2.1.2   Wissen und Gedächtnis

Wo und wie speichern Menschen ihr Wissen? Und wie rufen wir es am besten wieder ab? Dieses Kapitel zeigt den Unterschied zwischen Kurzzeit- und Langzeitgedächtnis und deren Prozesse im Aufbau und Abrufen von Wissen.

2.1.2.1   Wissensaufbau

Kurzzeit- oder Arbeitsgedächtnis
Aktuell wird in der Forschung zum Arbeitsgedächtnis das sogenannte Embedded-Processes-Modell präferiert, das wie folgt definiert wird: Das Arbeitsgedächtnis ist ein kognitiver Prozess, das häufig wiederverwendete Komponenten enthält, die im Zusammenhang mit einer konkreten Aufgabe unmittelbar abrufbar sind (Cowan et al. 2021; Buchner 2012).

Langzeitgedächtnis als System: deklaratives und nondeklaratives Wissen
Explizites Wissen (auch: deklaratives Wissen) ist verbalisierbares Wissen etwa über Fakten und Prozesse, über die man unmittelbar Auskunft geben oder die man niederschreiben kann (Buchner 2012).

In vielen Fällen wurde solches Wissen auch bereits schriftlich aufbereitet und liegt als Information vor, z. B. in Form von Anleitungen, Prozessbeschreibungen, Dokumentation, Checklisten etc.
Implizites Wissen (auch: nondeklaratives Wissen) ist episodisches Erfahrungswissen, das nicht ohne Weiteres berichtet, erklärt und weitergegeben werden kann. Alle Ereignisse führen zu einer neuen Gedächtnisrepräsentation, die nicht aktiv bewusst ist, aber dennoch durch Handeln im Alltag abgerufen werden kann (Buchner 2012).
Implizites und explizites Wissen gibt es sowohl auf individueller als auch auf kollektiver Ebene. In einem Team gibt es beispielsweise einen gewissen geteilten Verhaltenskodex oder Usus, über den neue Mitarbeitende durchaus stolpern können.
Das Verhältnis von implizitem zu explizitem Wissen ist nicht bekannt. Es gibt dazu aber eine Reihe an Vorschlägen. Häufige Schätzungen liegen

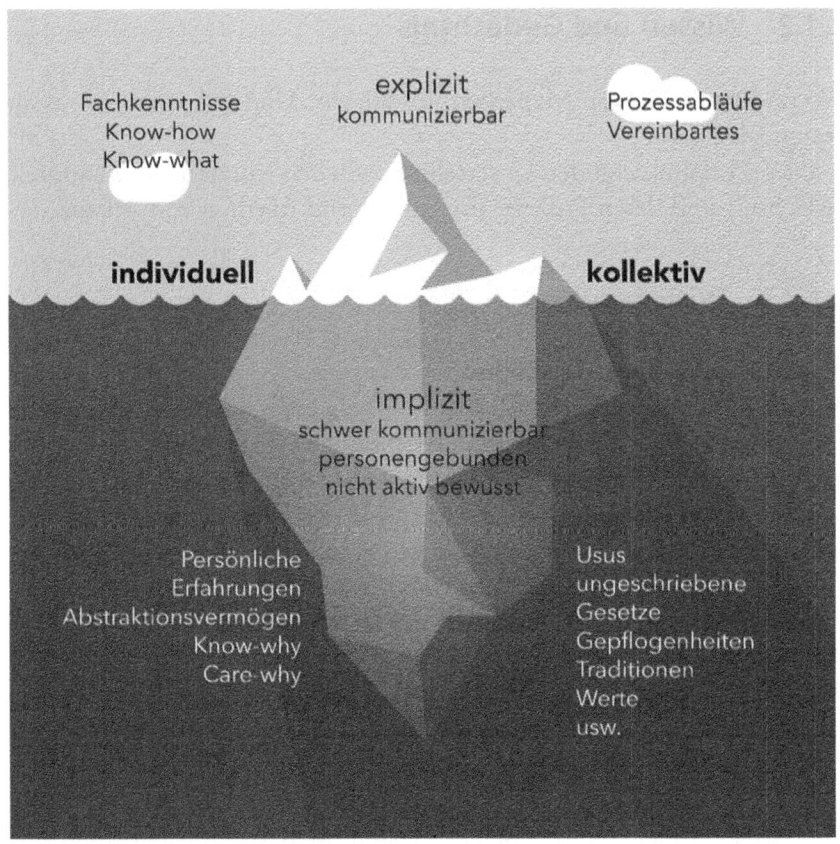

Abb. 2.2   Das Eisberg-Modell des impliziten und expliziten Wissens

bei einem Anteil von 80 Prozent implizitem Wissen und 20 Prozent explizitem Wissen (Ermine 2018). Als Abbildung (Abb. 2.2) bietet sich deshalb das Eisberg-Modell an.

2.1.2.2   Abrufen von Gedächtnisinhalten

Häufig wiederholte Aufgaben, die rein reproduktiv abgearbeitet werden, sind leichter wiederzugeben als jenes Wissen, das zum Lösen eines neuen Problems herangezogen wird, bei dem Neues geschaffen werden muss (Tobinski 2017).

Besondere Beachtung im Wissensmanagement findet deshalb der Vorgang des Abrufens von implizitem Wissen aus dem Langzeitgedächtnis.

Langzeitgedächtnis als Prozess: Wiederaufrufen von Inhalten
Die Leistung des Wiederabrufens von Gespeichertem ist umso besser, je eher die gleichen Prozesse eingesetzt werden wie in der Lernphase (Buchner 2012). Der Aufbau von Inhalten des impliziten Wissens im Langzeitgedächtnis findet mit großer Wahrscheinlichkeit überwiegend **informell** statt. Das Abrufen in einem **formellen** Prozess – weil nicht das gleiche Format wie beim Lernen – führt deshalb zu Schwierigkeiten. Für das Abrufen von **informell** Gelerntem wäre demnach ein **informelles** Setting mit Wiedergabe z. B. in Form von Geschichten empfehlenswert. Die Methode **Expert Debriefing** (Abschn. 6.16) bedient sich dieses Konzeptes.

Im nächsten Kapitel sehen wir uns genauer an, wie Wissen im Gedächtnis konstruiert wird.

2.1.3   Wissen und Lernen: am besten informell und vernetzt

Organisationskritische und durchaus auch karrierekritische Informationen werden häufig nicht im Rahmen formeller Meetings oder während der normalen, allgemeinen Tätigkeit geteilt. Sie werden im Vertrauen weitergegeben, eventuell sogar außerhalb des betrieblichen Umfeldes beim Afterwork-Kaffee.

> **Wichtig**
> Zwischen 70 und 90 Prozent allen Lernens findet in informellen Settings statt, also außerhalb formeller Settings wie Schulen, Universitäten, Seminaren (Cerasoli et al. 2018).
> Informelle Netzwerke machen ein Vielfaches der formellen Netzwerke aus und damit ein Vielfaches der Informations- und Wissensweitergabe.
> Das Ermöglichen von informellem Austausch ist eine der wichtigsten Säulen eines modernen, funktionierenden Wissensmanagements.

In der Toolbox finden sich eine Reihe von Methoden, die das Entstehen informeller Settings ermöglichen: Abschn. 6.5, 6.19, 6.21, 6.28, 6.35, u. v. m.

Jeppe Vilstrup Hansgaard definierte mit einem ganz ähnlichen Hintergrund die sogenannte **3-Prozent-Regel**: In einem international tätigen Unternehmen mit 2500 Mitarbeitenden beeinflussten Führungskräfte 30 Prozent der Organisation. Drei Prozent der Influencer (aus dem Kreis der Mitarbeitenden) beeinflussten hingegen 86 Prozent der Organisation und damit die Meinung in der Belegschaft. Auch hier das Fazit: Informelle Netzwerke sind für die Informations- und Wissensweitergabe bedeutender als formelle Konstruktionen (Hansgaard 2017).

2.2 Konzeptverständnis

Womit beschäftigen sich nun die Managementsysteme, die Information und Wissen organisieren und verfügbar machen?

2.2.1 Informationsmanagement

Informationsmanagement beschafft, organisiert und verteilt Information in der Organisation und kümmert sich um die effektive und effiziente Bewirtschaftung des Produktionsfaktors Information in Organisationen (Herget 2004).

Informationsmanagement befasst sich insbesondere mit Dokumentenmanagement, mit Suchfunktionen (Retrieval), mit der Beschaffung oder Produktion und Verteilung von Information und Dokumentation, mit Informationsprozessen (Workflows, Freigaben etc.), mit Daten und Datenbanken, Informationssystemen, Terminologie-Management, (Business) Intelligence, Training von Informationsverhalten und Recherchekompetenz – also mit dem gesamten Prozess der Informationsversorgung.

Bis heute ist interessanterweise das Konzept des Informationsmanagements nicht durchgehend in Organisationen angekommen. Wer kümmert sich bei Ihnen in der Organisation um diese Themen?

CIO steht für Chief Information Officer. Was managt der/die CIO in der betrieblichen Realität? In den meisten Fällen wird das Technologie sein. Genau genommen ist das jedoch die Stellenbeschreibung des CTO, des Chief Technology Officers. Um konsequentes Informationsmanagement kümmert sich vielfach niemand, obwohl durch geeignetes Management von Information viel an Leistungsfähigkeit gewonnen wird (siehe auch den Abschnitt zu **Suchzeiten** (Abschn. 2.3.1.1)). Deshalb betrachtet dieses Buch Informationsmanagement mit, wo es für Wissensmanagement nötig ist.

2.2.2 Wissensmanagement

Die Aufgabe von Wissensmanagement ist es, das in der Belegschaft verteilte Wissen optimal zu nutzen und sicherzustellen, dass das nötige Wissen zu jeder Zeit verfügbar ist, sowie aufgebaut oder entwickelt und produktiv für die Organisation genutzt wird.

Das über Erfahrungen in Menschen verankerte Wissen kann nur zu einem Bruchteil über Dokumentation verfügbar gemacht werden, die nützlich und verwendbar wäre. Das Vernetzen von Daten und Information (Dokumenten) reicht deshalb nicht aus. Zeitgemäßes Wissensmanagement organisiert aus diesem Grund die Vernetzung von Dokumenten, Algorithmen und Menschen, um Wissen produktiv zu nutzen, zu erwerben, zu entwickeln und zu verteilen sowie entsprechend der Unternehmensziele einzusetzen und produktiv zu machen.

Manche einfachen Tätigkeiten können bereits durch die Kenntnis oder Weitergabe einer Information ausgeführt werden. Die meisten Aufgaben des betrieblichen Alltags erfordern jedoch mehr als das Abarbeiten von Prozessen nach Anleitung oder Checklisten. Dieses Wissen zu entwickeln und für den Betrieb verfügbar zu machen, ist die Aufgabe von Wissensmanagement.

Das in der Organisation verfügbare Wissen ist in Menschen „gespeichert". Durch den Akt der Dokumentation wird aus Wissen, Erfahrung, Können und Kompetenz wieder „nur" Information. Das bedeutet, dass die Aufgabe von Wissensmanagement darin liegt, Menschen und Zusammenarbeit zu entwickeln.

Wichtig

Informationsmanagement organisiert Dokumentation.
Wissensmanagement organisiert Zusammenarbeit und entwickelt
Menschen.
Und Menschen entwickeln das Business.

Führen wir uns die Wissenspyramide aus Kap. 1.1 (Abb. 2.3) vor
Augen, dann trägt Wissensmanagement in allen Phasen der Kompetenzentwicklung bei, ab der Verwendung von Information bis hin zu Kompetenz. Nur Vordenkertum ist eine Eigenleistung einzelner Individuen, die
grundlegend Neues zu einer Disziplin beitragen.

Moderne **Personalentwicklung** begleitet die Kompetenzentwicklung
ebenfalls vom Onboarding an. Die Methoden der Personalentwicklung
gehen heute über Schulungen, Trainings und Workshops weit hinaus
und integrieren auch Wissensmanagement.

**Alle Ebenen von Wissen bis hin zum Vordenkertum können ihr
Wissen verfügbar machen, indem sie es aufschreiben oder erzählen –
was aber dazu führt, dass es für den oder die Nächste wieder „nur"**

Abb. 2.3 Die Wissenspyramide und die Abgrenzung zwischen Informations- und
Wissensmanagement

den Wert von Information hat. Mit dem Schritt von Information zu Wissen werden alle Ebenen danach im Menschen durch praktische Anwendung „konstruiert".

Dokumentation hat aber noch weitere Limitationen, die hier kurz beleuchtet werden sollen.

Limitationen von Dokumentation

Denken Sie an Ihr persönliches Wissen. Wenn Sie es aufschreiben müssten, nur das betrieblich relevante, wie viel wäre das? Wären das 3000 Seiten? Oder eher 30.000? Vielleicht irgendetwas dazwischen? Nehmen wir an, es würde Ihnen gelingen, Ihr Wissen aufzuschreiben, didaktisch wertvoll, top formuliert. Alle anderen Expertinnen und Experten in der Organisation machen ebenfalls auf diese Weise ihr Wissen zu Information. Wer würde das lesen? Und wann? Vielleicht erstellen Sie auch eine Vielzahl kurzer Videos. Könnte jemand anderes damit Ihren Job machen? Könnte eine künstliche Intelligenz damit Ihren Job machen?

Andere können aus derart breiter Dokumentation die individuell passende Kombination von Inhalten nicht (mit Sicherheit) auswählen. Darüber hinaus generieren Problemlösungen von Experten zumeist grundlegend Neues und wiederholen keine „alte" Lösung.

Deshalb entzieht sich vieles an größtenteils implizitem Wissen einer Dokumentation, die tatsächlich Nutzen stiftet – und vielfach auch der Abbildung in einem Umfeld von Machine Learning und Algorithmen.

Für menschliche und maschinelle Nutzung hingegen gut geeignet ist das explizite Wissen, also strukturierbare oder kodifizierbare Inhalte wie meistgestellte Fragen, Checklisten etc. Große Informationsbestände oder klar definierte Prozesse eignen sich hervorragend zur Digitalisierung, weil Algorithmen deutlich schneller als der Mensch suchen und abarbeiten. Machine Learning kann mit großen Informationsbeständen ebenfalls sehr gut arbeiten, Modelle ableiten, Muster erkennen usw. Hier bieten sich auch künftig für Zusammenarbeit von Mensch und Maschine viele Potenziale, insbesondere für das Auslagern administrativer Prozesse.

Beginnen wir deshalb doch zuerst jenes Wissen zu Information zu machen, das „gefahrlos" auch von unerfahrenen Anwendern aus Dokumentation nachvollzogen und umgesetzt werden kann. Damit kommen auch

Algorithmen und Bots wunderbar zurecht. Bis diese Mengen sinnvoll und nutzenstiftend verfügbar gemacht werden, haben wir noch sehr viel zu tun. Bei hochkarätigem Expertenwissen kommen wir hierbei noch lange nicht weiter, vor allem, weil das bereits dokumentierte generelle Wissen inzwischen veralten wird und aktualisiert werden muss.

Gibt es Informationen, die besser nicht dokumentiert werden?

Bei einem Hersteller von Hochleistungsmotoren. Für zentrale Stellen am Motorblock müssen Schweißnähte auf eine bestimmte Art ausgeführt werden und auf jeden Fall blasenfrei sein. Für diese Tätigkeit gibt es spezielle Handgriffe, Werkzeuge und Materialien, die verarbeitet werden. Der gesamte Prozess der Schweißarbeiten ist kritisch für die Leistungsfähigkeit unter extremem Druck. Gemeinsam mit der verbauten Technologie gelten die Schweißarbeiten als einer der Schlüssel für den Erfolg dieser Motoren im Einsatz unter extremen Bedingungen.

Die in diesem Unternehmen verwendeten, speziell adaptierten Werkzeuge, Materialien und Prozesse wurden nicht patentiert (!).

Für die Profis, die diese Schweißnähte erstellen, gilt ein Aufzeichnungsverbot.

Die Mitarbeitenden, die diese hochspezialisierte Schweißtechnik beherrschen, werden im Unternehmen ausgebildet und fürstlich bezahlt. Natürlich könnte die Konkurrenz noch fürstlicher bezahlen – die Material-Legierung erstellt jedoch ein anderes Team, das ebenfalls unter Aufzeichnungsverbot steht.

Während in den Anfängen der Disziplin Wissensmanagement noch häufig ausschließlich mit Dokumentation, Datenbanken und Software assoziiert und deshalb oft von IT-Abteilungen getrieben wurde, sehen wir heute Wissensmanagement überwiegend im Personalbereich verortet. Um das in der Organisation vorhandene und benötigte Wissen aufzubauen und zu verteilen, vernetzen wir heute Dokumente und Menschen.

Zur besseren Einordnung sehen wir uns die Entwicklung von Wissensmanagement kurz im Überblick an.

1. Generation (1950er – 1995) – Wissensmanagement Gründerzeit
Erste Gedanken und Konzepte zu Wissensmanagement entstehen, noch ohne genaue Definition und praktische Umsetzung (Schütt 2003). Eine Generation des Philosophierens und Basis späterer Entwicklungen.

Polanyi und Drucker dachten seit den 1950er-Jahren über den Wert von Wissen in der Organisation nach und sahen es als Aufgabe des Managements, das in der Organisation verfügbare Wissen nutzbringend zu organisieren und einzusetzen. Von Peter F. Drucker stammt die Bezeichnung „Wissensarbeit". **Drucker beschreibt dabei den Wandel von der mechanistischen Organisation zur Wissensorganisation und sieht erfolgreiche Gestaltung von Zusammenarbeit und Wissenstransfer als Erfolgskriterium führender Organisationen der Zukunft** (Drucker 1959). Bis heute ist dieser Anspruch von Drucker in der betrieblichen Praxis nicht breit angekommen.

Polanyi formulierte: „Wir wissen mehr, als wir zu sagen wissen." Er beschäftigt sich in seinen Klassikern „Personal Knowledge" (Polanyi 1958) und „The Tacit Dimension" (Polanyi 1966) mit explizitem und implizitem Wissen und mit der Bedeutung von persönlichem Wissen für Erfolge in Forschung und Innovation. Polanyi erteilt dabei der mechanistischen Vorstellung, dass alles Wissen formalisierbar und dokumentierbar wäre, eine Absage von zeitloser Bedeutung und Tragweite. Persönliches Wissen von Expertinnen und Experten spielt für ihn eine Schlüsselrolle für den Erfolg von Organisationen im Bereich von Forschung und Innovation. Polanyi hat dabei so wie Drucker bis heute Recht behalten.

Gegen Ende der 1. Generation von Wissensmanagement entstehen erste konkrete Systematisierungen, etwa das SECI[1]-Modell von Nonaka (1991) und Nonaka und Takeuchi (1995), das die Entstehung und Verankerung von Wissen darstellt, sowie die Wissenspyramide von Aamodt und Nygard (1995).

2. Generation (1996 – 2000) – Wissensmanagement-„Industrialisierung"
Die zweite Generation ist die Ära von Wissen in Datenbanken. Damit wurde die Zeit des toolgetriebenen Wissensmanagements eingeläutet, dass sich vereinzelt bis heute hält. Das Treiben von Wissensmanagement aus der Perspektive von IT und Datenbanken erweist sich bereits Ende der 1990er-Jahre als nur eingeschränkt zielführend (vgl. Schütt 2003).

---

[1] SECI: Abkürzung für Socialization, Externalization, Combination, Internalization (engl.: Sozialisierung, Externalisierung, Kombination, Internalisierung).

Gegen Ende der zweiten Generation tragen die Autoren North sowie Probst, Raub und Romhardt zu einer Abkehr vom technokratischen Ansatz des Wissensmanagements bei (North 2021; Probst et al. 2012).[2]

Probst, Raub und Romhardt definieren erstmals 1997 mit ihren Bausteinen des Wissensmanagements einen Kreislauf und Prozess mit folgendem Ablauf: Wissensziele definieren, Wissen identifizieren, Wissen erwerben, Wissen entwickeln, Wissen verteilen, Wissen nutzen, Wissen bewahren, Wissen bewerten, Verankerung des Wissensmanagements (Probst et al. 2012). North ist bekannt für seine von Aamodt/Nygard inspirierte „Wissenstreppe".

Datenbanken (Abschn. 6.9) sind heute eines von vielen Tools und von durchschnittlicher Bedeutung.

3. Generation (2000 – 2006) – Wissensmanagement-„Humanismus"

„Man kann Wissen nicht managen, so wie man Liebe, Patriotismus oder seine Kinder nicht managen kann. Aber man kann ein Umfeld schaffen, in dem Wissen gedeiht." Laurence Prusak (Schütt 2003)

Relevante Autoren, die zur Humanisierung der Disziplin und der Berücksichtigung kultureller Faktoren beitrugen, waren weiterhin North (2021), Probst et al. (Probst et al. 2012) und ab 2004 Helmut Willke (2018). Franz Lehner setzte ab 2005 einen strategischen Schwerpunkt, der relevant zur Professionalisierung von Wissensmanagement beitrug (Lehner 2021).

4. Generation (2006 – 2010) – Wissensmanagement 2.0: Die wilden Jahre

Mit dem Aufkommen von Social Software beginnt zwischen der Professionalisierung der Disziplin und der betrieblichen Praxis eine sehr klare Lücke zu klaffen. Während sich in Unternehmen ein von Herstellern getriebener, toolbasierter Hype ausbreitet, mit dem die Disziplin eine technokratische Renaissance erlebt, werden ab 2007 erste, in umfang-

---

[2] Die Werke sind hier mit den jeweils aktuellsten Auflagen zitiert.

reichen Forschungsprojekten empirisch validierte Erfolgsfaktoren publiziert (Helm et al. 2007; Lehner 2008), die in der Praxis jedoch überwiegend vorerst nicht ankommen.

Die Autoren Helm et al. und Lehner beschrieben in ihren Erfolgsfaktoren für Wissensmanagement nicht nur Empfehlungen zu Technologie, sondern auch zu Organisation, menschlichem Handeln, zur Kultur und zur Systematik des Vorgehens (Helm et al. 2007; Lehner 2008). Zur Systematisierung und Professionalisierung tragen auch erste Methodensammlungen bei, unter anderem Lehners Wissensmanagement ab der ersten Ausgabe 2005 (Lehner 2021) oder die erste Toolbox des Strategischen Informations- und Wissensmanagements (Mader 2007). Es entsteht auch die erste Version des Knowledge-Excellence-Vorgehensmodells (Mader und Herget 2008).

Die systematischen Beiträge in dieser Generation finden in einigen ersten Praxisprojekten Anwendung, sollten insgesamt aber einige Jahre brauchen, um es in die breitere Realität des betrieblichen Alltags zu schaffen.

5. Generation (2010 – heute) – Wissensmanagement Reife: Der Mensch im Mittelpunkt
Mehr relevante betriebliche Anwendungen von strategischem Informations- und Wissensmanagement entstehen, die professionell, systematisch, Community-basiert und bedarfsorientiert vorgehen. Auf der Basis von Erfolgsfaktoren wird eine Balance zwischen Mensch und Prozess, Wirtschaftlichkeit und Technologie angestrebt.

Während die dritte Wissensmanagement-Generation noch postulierte, dass man Wissen eigentlich nicht managen könne, so setzt sich ab ungefähr 2010 langsam die Überzeugung durch, dass das Management von Wissen unter Berücksichtigung bekannter Erfolgsfaktoren und auf der Basis tatsächlicher Bedarfe – und gemeinsam im Team gestaltet – sehr wohl möglich ist.

6. Generation (Verbreitung in der Praxis ab ca. 2016 – heute) – Neues Arbeiten/New Work
New Work als neue Generation von Wissensmanagement? Viele Initiativen des neuen Arbeitens drehen sich um jene Themen, die Wissensmanagement

(wo professionell vorhanden) bereits adressiert: Wissensarbeit und Zusammenarbeit produktiv und inspirierend zu gestalten, Unterbrechungskultur zu reduzieren, Konzentrationszeiten und mobiles Arbeiten zu ermöglichen, Möglichkeiten zu finden, um Kommunikationsstress zurückzufahren u. v. m.

Themen, die New Work dem Wissensmanagement hinzufügt, sind Faktoren der Raumgestaltung mit getrennten Bereichen für konzentriertes und für kollaboratives Arbeiten, Fragen des mobilen Arbeitens oder von Home-Office sowie der selbststeuernden, hierarchie- und bereichsübergreifenden Zusammenarbeit, die im nächsten Kapitel behandelt werden.

2.2.3   Neues Arbeiten/New Work

Die Gegebenheiten des Arbeitslebens haben sich in den letzten Jahrzehnten stark verändert. Wir können daher in unseren Organisationen und bei der Gestaltung der Arbeitsumgebungen nicht so tun, als hätten wir Anforderungen wie vor 20 oder 30 Jahren. Wir sehen eine permanent stark steigende Menge der zu verarbeitenden Informationen, mobiles Arbeiten von unterwegs, Home-Office und hybride Teams, Produktivitätsverluste durch Unterbrechungskultur u. v. m. Wir müssen daher in der Gestaltung von Arbeitsbedingungen nachziehen. Kurz: **Es geht um nichts weniger als um den Erhalt der Konkurrenzfähigkeit des Unternehmens und um die Gesundheit der Belegschaft.**

Das Konzept von New Work geht über die Unterstützung zeitgemäßer Wissensarbeit allerdings deutlich hinaus: „Arbeite, wie Du wirklich, wirklich willst", formulierte der Begründer von New Work, Frithjof Bergmann (Bergmann 2019). In der praktischen Definition handelt es sich bei New Work um die Gestaltung der Arbeit in einer Weise, sodass sie den Gegebenheiten des Arbeitslebens von heute Rechnung trägt und Menschen zu Engagement inspiriert.

Der Urvater von New Work, Philosoph und Anthropologe Frithjof Bergmann, begann in den 1970er-Jahren, seine Vision von New Work zu formulieren. Seine Ideen brachten ihm zu Beginn viel Kritik ein. Dennoch verfolgte er seine Konzepte weiter und gründete in den 1980er-Jahren das „Center for New Work" in Flint/Michigan. Sein Ansatz war stets eher gesamtgesellschaftlich, indem er ein System von „Jobs" als unwürdig ansah, wenn es bedeutete, dass der Mensch seine Lebenszeit für etwas gegen Bezahlung verkaufte, was ihm eigentlich widerstrebte.

Die Ideen von Bergmann wurden früh von Google aufgegriffen, die ihren Mitarbeitenden gestatteten, einen Tag pro Woche an Dingen zu arbeiten, die sie interessierten. Daraus entstanden viele Innovationen und ein Run auf Jobs bei Google.

Häufig sind auch Einsparungsprogramme fälschlich als „New Work" deklariert: Geteilte Schreibtische verbrauchen weniger Bürofläche. Vielleicht hätte es mehr Räume für stille und interaktive Arbeit gebraucht? Es ist also nicht überall New Work drin, wo New Work draufsteht.

New-Work-Post-Covid

Die für viele neue, fast komplett digitale Arbeitsumgebung seit der Covid-19-Pandemie beeinflusste wichtige Arbeitsbereiche durchaus positiv, so der aktuelle State of the Work 2021 Report für Deutschland (Adobe 2021). Die in Deutschland Befragten fühlen sich seit der Pandemie souveräner in der Zusammenarbeit mit Kollegen (82 Prozent, Zunahme von 3 Prozent gegenüber der Befragung kurz vor der Pandemie), in der Priorisierung ihrer Arbeit (73 Prozent, plus 6 Prozent), in ihrem Zeitmanagement (67 Prozent, plus 5 Prozent) und im Umgang mit arbeitsbezogenen Konflikten (48 Prozent, plus 4 Prozent).

Eines der Konzepte von New Work, das Home-Office, erlebte ab Anfang 2020 eine vor der Pandemie für unmöglich gehaltene Verbreitung. Home-Office wäre allerdings im Sinne von New Work nur dann flexibel, wenn es eine andere Möglichkeit gäbe. Diese gab es während der Pandemie vielfach nicht: Verpflichtung ist nicht flexibel.

Zurück ins Büro nach der Pandemie? Gallup veröffentlichte Ende 2021 Ergebnisse einer repräsentativen Befragung darüber, wie viele Mitarbeitende, deren Jobs sich für Home-Office eignen, zurück in ihre Büros kommen wollen. Die ernüchternden Ergebnisse: 30 Prozent aller Befragten wollen überhaupt nicht mehr im Büro arbeiten, und nur 10 Prozent aller Mitarbeitenden gaben an, alle 5 Arbeitstage im Büro arbeiten zu wollen. Die verbleibenden 60 Prozent präferieren einen Mix (Hybrid) von einem bis vier Tagen im Büro, mit der Mehrzahl bei 2 oder 3 Tagen pro Woche (Clifton und Wigert 2021).

Während verbessertes Wohlbefinden, ersparte Zeit und flexiblere Kombination verschiedener Verpflichtungen erstrebenswerte Effekte sind, erodieren im Home-Office sozialer Zusammenhalt und Vertrauen im Team und die für Innovation so wichtigen zufälligen Begegnungen entfallen. Damit wären wir im Heute angekommen. In welchem Umfeld arbeitet Wissensmanagement heute?

2.3   Rahmenbedingungen der Wissensarbeit von heute

Welchen Phänomenen der Zeit sind Menschen, Organisationen und Wissensarbeit allgemein heute ausgesetzt? Sehen wir uns doch gemeinsam einige davon an.

2.3.1   Informationsflut

Die Informationsmengen haben sich seit den 1970er-Jahren mindestens verdreißigfacht (!). In den 1970er-Jahren hatten wir pro Person und Arbeitsjahr etwa 1000 Korrespondenzstücke pro Jahr zu bearbeiten – das entspricht einem Aufkommen von 4 bis 5 Briefen pro Arbeitstag. Aus heutiger Sicht: paradiesisch! Heute: 30.000 Korrespondenzstücke, inklusive E-Mails, Textnachrichten etc. (Mankins et al. 2014). Das dividiert durch auf 125 dieser Kommunikations- und Korrespondenzvorgänge täglich. Manche E-Mails sind in wenigen Sekunden verfasst und andere dauern eine halbe Stunde, bis Sie alles zusammengestellt und angefügt haben. Wenn wir von einem durchschnittlichen Wert von 4 bis 5 Minuten pro Vorgang ausgehen, dann schaffen Sie in 8 Stunden von den 125 gerade einmal 100. Da waren Sie noch in keinem Meeting, haben noch keine Unterlagen gesucht. Fazit: Wir lesen und schreiben E-Mails vielfach im Zug auf dem Weg ins Büro oder am Sonntag um 10 Uhr abends (Abb. 2.4).

Informationsflut erzeugt zusammen mit unpassendem Informationsverhalten (z. B. Unterbrechungen) genau jenen Zeitdruck und jenes Beschleunigungsgefühl, das für das beginnende 21. Jahrhundert typisch ist.

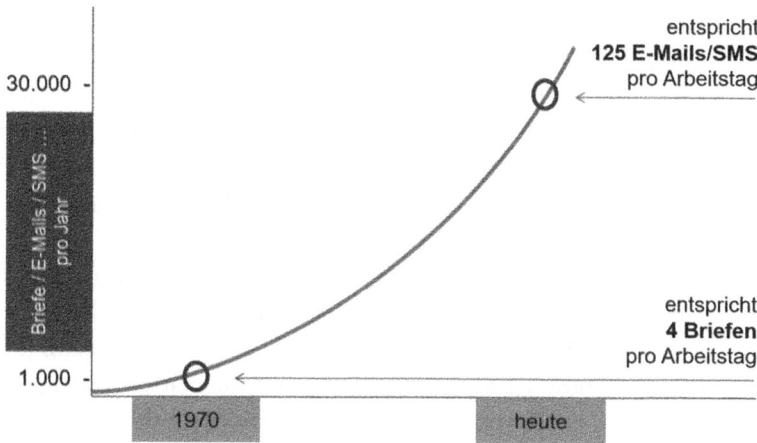

Abb. 2.4 Informationsmengenvermehrung im Zeitverlauf. (Mankins et al. 2014)

Seit den 1990er-Jahren und spätestens seit der massiven Verbreitung des Internets ab ca. 2005 wird Informationsflut spürbar. Wissens- und Informationsmanagement werden eine Management-Herausforderung.

Konsequenzen für die Organisation: Wenn sich also – wie aktuell – die Informationsmengen in der Gesellschaft jährlich um das Doppelte bis Zweieinhalbfache erhöhen, dann macht diese Informationsmengenvermehrung vor den Organisationsgrenzen natürlich nicht halt. Die Ideen, dem Wachstum der Informationsmengen Einhalt gebieten zu wollen oder jährlich die Belegschaft zu verdoppeln, sind unrealistisch. Was wir tun können, ist uns selbst und unsere Arbeit anders zu organisieren und in der Zusammenarbeit systematisch an die Arbeit mit Wissen und Information heranzugehen.

2.3.1.1 Suchzeiten: Zu viel Zeit für die Suche nach Informationen

Informationen vermehren sich in galoppierender Geschwindigkeit. Gleichzeitig können wir sagen, dass wir heute immer schnellere Geräte verwenden, Laptops, Mobiltelefone mit Toprechenleistung oder Server mit enormen Speicherkapazitäten und immer leistungsfähigeren Chips, die mit unserem Suchbefehl abertausende Inhalte durchsuchen. Wir haben also Hilfe bekommen. Hat das hoffentlich unsere Suchzeiten verkürzt? Nein. **Trotz hochgerüsteter Technologie suchen wir pro Person zwischen einer und drei Stunden pro Tag (Starmind 2021; Zapier 2021; IDC 2018; Chui et al.** 2012; **Feldman und Sherman** 2001), **so lange wie vor 20 Jahren. Wie kann das sein?**

Seit den 1970er-Jahren 7000-mal schnellere Rechner durchsuchen „nur" 30-mal mehr Information und die Suchzeit bleibt unverändert? Fazit: Durch technologisches Hochrüsten gewinnen wir hier nichts. **Verberne et al.** (2019) **zeigen, dass Suchzeiten mit systematischem Informationsmanagement** (Abschn. 2.2.1) **zu einer vernachlässigbaren Größe werden.** Strategisches Informationsmanagement ist leider dennoch bis heute eine Seltenheit. Dieses Buch betrachtet Informationsmanagement deshalb mit, wo dies für Wissensmanagement nötig ist.

2.3.1.2   Ein Arbeitstag heute

In den letzten Jahren beschäftigten sich Mitarbeitende im Durchschnitt zu 17 Prozent (oder knapp 1,5 Stunden) mit E-Mail-Bearbeitung, zu fast 20 Prozent oder 2 Stunden mit Meetings, wobei die Hälfte davon von Befragten als nutzlos eingestuft wurde. Elf Prozent der Zeit sind mit administrativen Aufgaben belegt. 13 bis 40 (!) Prozent entfielen auf unerwünschte Unterbrechungen, Ablenkungen und Rückkonzentrationszeit (Kritikos et al. 2021; Brown 2014; BAuA 2019; Baethge und Rigotti 2013). **Insgesamt wurden demnach nur 17 bis 44 Prozent der Zeit für die eigentlichen Aufgaben verwendet.**

Zur Verteilung der Tagesarbeitszeit auf verschiedene (entbehrliche) Tätigkeiten gibt es eine Vielzahl von Studien, die nicht zu völlig deckungsgleichen, aber ähnlichen Aussagen kommen. Eines haben sie gemeinsam: haarsträubende Ergebnisse hinsichtlich der vielen Stunden menschlicher Arbeitsleistung, die aufgrund von ungenügendem Wissens- und Informationsmanagement ohne Not vergeudet werden.

Unterscheiden wir Tätigkeiten doch danach, ob sie überhaupt (noch) sinnvoll sind, welcher Teil des überhöhten Aufkommens hausgemacht ist und daher reduziert werden kann, und welcher von Mensch und welcher von Maschinen verrichtet werden soll. Das führt uns zum nächsten Thema.

2.3.1.3 Die neue Arbeitsteilung zwischen Mensch und Algorithmus

Viel Hoffnung in Bezug auf die Entlastung menschlicher Wissensarbeit von Informations- und Kommunikationsflut liegt seit einiger Zeit auf künstlicher Intelligenz und Algorithmen, die durch Automatisierung insbesondere repetitiver und gut systematisierbarer Aufgaben Abhilfe schaffen sollen.

Derzeit lagern wir Mehrarbeit noch häufig an zusätzliche Mitarbeitende aus: Eine neue Assistenz arbeitet die meisten E-Mails ab, leitet einige weiter, bereitet andere vor. Wenn Führungskräfte heute bereits 300 und mehr E-Mails pro Tag erreichen, wie viele sind es in zwei Jahren? Kann die Rechnung aufgehen, Informationsflut und die jährliche (mindestens) Verdoppelung der Informationsmengen mit dem Einsatz von mehr Mitarbeitenden oder mehr Überstunden abarbeiten zu wollen? Wie lange geht das gut? Schon lange nicht mehr, richtig? Bisher gelang es vielen Einzelnen und Organisationen durch Mehrarbeit, Überstunden oder Selbstausbeutung, manchmal durch mehr Personal, trotzdem alle wichtigen Agenden abzuarbeiten. Diese Option scheint an der Grenze der Belastung oder der Wirtschaftlichkeit angekommen.

Wir werden also nicht nur eine andere Arbeitsweise als bisher brauchen, sondern auch eine neue Arbeitsteilung zwischen Mensch und Maschine, die sicherstellt, dass die Aufgaben so verteilt werden, dass die Potenziale beider Seiten optimal genutzt werden. Welche das sind, diskutiert das Kapitel 2.3.5.

2.3.2 Informationsverhalten und Unterbrechungskultur

1995

Es klopft an der Bürotür. „Herein!" Eine Kollegin betritt das Büro.
„Kann ich dich kurz etwas fragen?"
„Hallo! Schön, dich zu sehen! Komm herein. Wie geht's dir? Magst du einen Kaffee?"
Endlich jemand, der mit mir sprechen will!

Heute
Sie haben keine Bürotür. Ein Kollege tritt an Ihren Schreibtisch.
„Kann ich dich kurz etwas fragen?"
Was sagen Sie?
„Jetzt nicht" oder „Ist grad ungünstig"? Vielleicht hätten Sie gerne gesagt: „Ich versuche seit Stunden diesen einen Bericht fertig zu machen. Lasst mich doch endlich arbeiten!"

Unterbrechungen sind die zentrale Ursache von Produktivitätsverlusten und zeichnen für bis zu 40 Prozent vollkommen unproduktiv verbrachter Tagesarbeitszeit verantwortlich (Brown 2014; BAuA 2019; Baethge und Rigotti 2013). **Völlig unproduktiv verbrachte Zeit ist somit anteilig der größte Teil der Tagesarbeitszeit.** In über 3 von 8 Stunden im Büro tun wir nichts. Absolut nichts! Dabei sind die Zeiten der eigentlichen Anfragebeantwortung nicht mitgerechnet, sondern nur die sogenannten **geistigen Rüstzeiten**, die wir für die **Rückkonzentration** auf jene Inhalte benötigen, an denen wir vor der Unterbrechung gearbeitet haben. Wenn das eine begonnene E-Mail mit einer Terminbestätigung ist, dann wird das rasch gehen. Bei einem längeren Bericht, Vertragstext, einem komplexen Angebot oder etwa in der Programmierung kann Rückkonzentration schon einige Zeit in Anspruch nehmen. Typische Angaben schwanken zwischen 5 und 30 Minuten für Rückkonzentration und die Wiederaufnahme der Arbeit von davor in der nötigen Konzentration und Qualität (Udemy 2018; Spira 2011; Mark et al. 2005).

Wie häufig sind diese Unterbrechungen eigentlich? Spira berichtet 2011 von Unterbrechungen alle drei Minuten (Spira 2011), während ein paar Jahre davor Unterbrechungen noch alle 10 bis 14 Minuten auftraten (Mark et al. 2005; Spira und Feintuch 2005). Vor dem Ende der Rückkonzentrationszeit tritt also häufig bereits die nächste Unterbrechung auf. Wir legen uns gegenseitig mit unserem Informationsverhalten lahm. Es passt nicht mehr zu den heutigen Bedingungen. Sehen wir da einmal genauer hin.

2.3.2.1 Informationsverhalten generiert Informationsflut

Die Ursache für Informationsflut liegt nicht bei Tools wie beispielsweise dem Internet mit Foren, Blogs oder bei der E-Mail-Technologie o. Ä., sondern hauptsächlich darin, wie wir diese Tools verwenden, also im Bereich von **Verhalten** und **Gewohnheiten**.

Der Mensch schreibt massenhaft E-Mails, lässt (automatisch) umfangreiche Berichte generieren, abonniert Benachrichtigungen oder generiert sie, erstellt Content oder etabliert Bots, die das für ihn tun, nicht wahr?

> **Wichtig**
>
> Das Gute an Verhalten und Gewohnheiten ist: Man kann sie ändern. Das Tückische an Verhalten und Gewohnheiten: Erst wenn erkannt ist, dass Verhalten das Problem ist, kann Veränderung aktiv betrieben werden. In den meisten Fällen tun wir zuerst mehr oder weniger von jenen Dingen, die nicht mehr funktionieren. Also schnelleres Hamsterrad versus „Lassen wir's". **Die Lösung könnte darin liegen, nicht mehr oder weniger, sondern etwas anderes zu tun.**

2.3.2.2 Produktivitätskiller Großraumbüro

Großraumbüros sind wahrscheinlich jene organisatorische Maßnahme, die der Produktivität von Wissensarbeit am meisten schadete. Der Organisationspsychologe Matthew Davis analysierte mehr als hundert Studien über Büroumgebungen (Davis et al. 2011): In der Arbeitsumgebung eines Großraumbüros werden die Aufmerksamkeitsspanne der Mitarbeitenden und Produktivität beschädigt, und auch kreatives Denken, Arbeitszufriedenheit, Stress, Konzentration und Motivation. Die Idee für Großraumbüros kam aus dem Wunsch nach Kostenreduktion bei Büroflächen und aus dem Wunsch nach besserer Vernetzung. **Ohne Begleitmaßnahmen aus der Sphäre von New Work oder Wissensmanagement werden Großraumbüros die Produktivität von Unternehmen beschädigen.** Begleitmaßnahmen, die den Schaden reduzieren können, sind: Rückzugsmöglichkeiten und separate Arbeitsumgebungen für ungestörte, konzentrierte Arbeit einerseits und Bereiche für interaktive oder „laute" Arbeit andererseits.

2.3.2.3 Unterbrechungen durch Software

Benachrichtigungen bei einer eintreffenden E-Mail, ein Ton bei jeder Textnachricht oder für ein verfügbares Update: Die Liste der softwarebasierten Unterbrechungen ist lang. Nicht alle machen sich die Mühe, zumindest selektiv Benachrichtigungen zu deaktivieren.

So neu ist die Idee der softwaregenerierten Unterbrechungskultur aber gar nicht: Bis noch vor ein paar Jahren hielten sich Software-Lösungen, fälschlich als Wissensmanagement-Anwendungen deklariert, die alle paar Minuten den Arbeitsfluss mit einer Meldung unterbrachen, die jedes Mal weggeklickt werden musste (!): *„Du hast gerade etwas zu Projektmanagement geschrieben. Möchtest du ein paar Hinweise auf verwandte Dokumente?"* Nein!!! Lasst die Leute doch endlich arbeiten! Niemand braucht eine Software, die zusätzlich zu den Unterbrechungen durch Telefon, E-Mail und Rückfragen noch ohne Not weitere Unterbrechungen generiert. Das entspricht einem Bild von Wissensarbeit, in dem dumme Menschen gelangweilt vor dem Bildschirm sitzen und nicht wissen, was sie heute eigentlich tun sollen.

Tatsächlich braucht niemand im betrieblichen Alltag von heute einen virtuellen Aufpasser, der alle Aktionen überwacht, um dann gezielt zu unterbrechen und Information anzubieten, ohne dass ein Bedarf geäußert wurde.

Beispiel

Microsoft hat nicht umsonst die Desktop-Benachrichtigungen mit ihrem ersten „Clippy"-Bot 2007 deaktiviert (eingeführt 1996), weil genervte Nutzer sich beschwerten und das Tool bei der Installation von Word unmittelbar deaktivierten. Entsprechend seinem Erfinder Alan Cooper basierte die Einführung von Clippy auf einem fundamentalen Missverständnis im Rahmen der Forschung, wonach eine Mensch-Maschine-Interaktion, die belebt und persönlich wirkte, positive Wirkungen hätte. Das „Smithsonian Magazine" bezeichnete das Tool als „einen der größten Software-Design-Flops in der Geschichte der Programmierung" und das „Time Magazine" listete das Tool in der Liste der 50 schlechtesten Erfindungen. In der Promotion für Windows 2010 ist das Grab von Clippy zu sehen.[3]

Das Menschenbild, dass wir Arbeitende permanent belehren müssen, hält sich leider hartnäckig: In einem Tweet Mitte 2021[4] schreibt der Corpo-

---

[3] https://youtu.be/VUawhjxLS2I.
[4] https://twitter.com/Microsoft/status/1415370520888061955.

> rate Twitter Account von Microsoft, dass sie Clippy gerne zurückbringen würden. Die Antworten sind durchmischt. Eine beispielhafte Antwort: „Ich hätte gerne, dass diese Büroklammer zurückkommt und die aktuell im Berufsleben stehende Generation nervt."[5]

2.3.2.4   Fragen und Antworten zu Unterbrechungen

Ist das Beantworten von Fragen nicht auch Arbeit?
Freilich ist die Zeit, in der Fragen beantwortet werden, auch Arbeit. Das Fertigstellen des Abschlussberichtes ist es aber auch. Um diese beiden Tätigkeiten angemessen in einem Arbeitsalltag unterzubringen, braucht es eine neue **Etikette** (Abschn. 3.1.5). Damit können wir den viel zu hohen Anteil an unproduktiv verbrachter Rückkonzentrationszeit wieder reduzieren.

Konzentrationszeit: Wie viel ist richtig?
Nein, wir brauchen nicht 8 Stunden Konzentrationszeit am Stück. Je nach Art der Arbeit reicht bereits eine Stunde pro Tag – während in der verbliebenen Zeit Fragen, Interaktion und Meetings Platz finden. Manche Berufe brauchen deutlich mehr Konzentrationszeit als andere, etwa Softwareentwicklung, Textierung, die Bearbeitung von Rechtstexten und Verträgen etc.

Wurde die Aufmerksamkeitsspanne des Menschen beschädigt?
Steht nun endlich eine Stunde für konzentrierte Arbeit zur Verfügung, stellen viele Menschen fest, dass sie sich nicht mehr konzentrieren können. Bereits nach den ersten fünf Minuten checken sie ihr stummgeschaltetes Telefon. Sie holen einen Kaffee, checken die E-Mails, antworten unmittelbar (vgl. Dabbish et al. 2011). Eine Stunde verstreicht, ohne dass relevant konzentrierte Arbeit stattfand. Nun haben wir endlich eine Stunde ohne externe Unterbrechung und dann unterbrechen wir uns selbst. Warum ist das so? Wir haben

---

[5] https://twitter.com/lizterzapzap/status/1417520852229181444.

uns in den letzten 20 Jahren Unterbrechungen alle drei, fünf oder zehn Minuten antrainiert. Unser Gehirn hält dies für die Normalität und hat es sich als Routine eingeprägt. Der Mensch passt sich den Rahmenbedingungen an – und nun haben wir unserem Gehirn eine fragmentierte Aufmerksamkeit und Konzentrationsschwäche antrainiert. Was nun? Die gute Nachricht: Was antrainiert wurde, können wir wieder umlernen. Am besten gelingt dies, wenn wir dranbleiben – also dem Impuls zu einer Unterbrechung widerstehen, und weiter fokussieren. Nach einigen Malen wird dies immer besser gelingen, bis wir wieder ausreichend lange Konzentrationsphasen schaffen. Unser Gehirn und unser Körper werden nach relativ kurzer Zeit zwischen Konzentrationsphasen und interaktiven Phasen unterscheiden lernen, sodass wir beide Arbeitsmodi beherrschen und zwischen ihnen wechseln können.

Rückfragen und Unterbrechungen reduzieren

Wenn zu einem Thema eine Frage eintrifft, dann schicken wir am besten alles direkt zu, richtig? Ein 45-seitiges Handbuch als PDF, eine Übersicht, eine Informationsgrafik und eine E-Mail, die durch die Texte durchführt und erklärt, wie sie zusammenhängen. Was passiert dann? Die auf diese Weise mit Informationsflut Beschenkten werden zum Telefon greifen und rückfragen. Diese Menge an Inhalten liest niemand mehr.

> **In den 1980er-Jahren schätzte man längere Dokumente.**
> **Heute können Sie mit einem 80-seitigen Dossier jemanden bedrohen, aber nicht informieren.**

Mehr Information führt zu mehr Rückfragen. Warum ist das so? Bei sehr wenig Information gibt es viele Rückfragen, das ist durchaus logisch. Aber welche Organisation leidet heute an einer Unterversorgung mit Information? **Ab einem bestimmten Punkt (der individuell variiert) führt mehr Information zu mehr Rückfragen** (Mader und Herget 2008). Menschen haben generell heute so viele verschiedene Informationen zu bearbeiten, dass eine Fülle zusätzlicher Informationen zu Verlangsamung statt zu Beschleunigung führt (Abb. 2.5).

Die Aufgabe von Wissens- und Informationsmanagement ist daher, die optimale Informationsmenge zu treffen, mit der möglichst zügig eine Frage beantwortet werden kann.

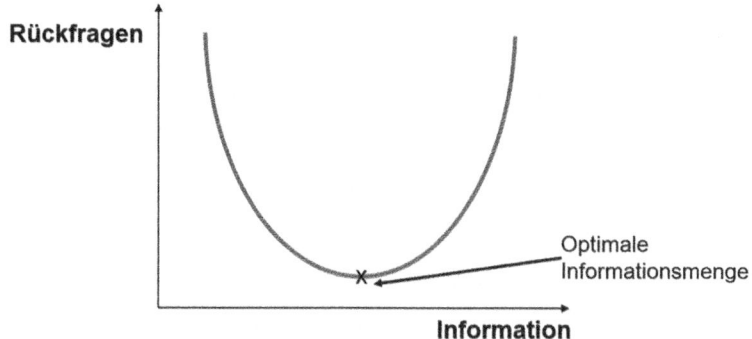

Abb. 2.5   Das Informationsparadoxon. (Mader und Herget 2008)

2.3.3 Kommunikationsflut

Ein kleines, privates Institut zur Luftgütemessung wurde durch Medienberichte über Aerosol-Kontamination im Nahebereich einer Großstadt überrascht – und von den darauffolgenden tausenden Anrufen von Anrainern, Bürgern, Journalisten usw. Die Budgets reichten bei Weitem nicht, um hunderte zusätzliche Mitarbeitende anzustellen oder ein Call-Center für die Beauskunftung zu engagieren. Also erstellte das Team eine Webseite mit einem einfachen Dashboard zum Abrufen der Messwerte in Echtzeit. An Spitzentagen verzeichnet dieses Dashboard heute immer noch 18.000 Aufrufe an einem Tag. Viele Jahre nach dem Vorfall steigen die Abfragezahlen jedes Jahr.

Weshalb gab es dieses Problem in den 1970er-Jahren so nicht wirklich? Damals riefen täglich fünf Journalisten an, vielleicht begnügte man sich nach ein paar Tagen mit der täglichen Presseaussendung. Privatpersonen bezogen ihre Informationen aus der Zeitung und aus den Abendnachrichten. Und heute? Heute rufen tausende Privatpersonen überall selbst an.

Wegen der ausufernden Kommunikationsmengen, die klar jenseits jeder Bearbeitbarkeit liegen, entstehen an immer mehr Stellen Call-Center, Chat-Bots und Online-Dashboards. Der Grund liegt im Zeitgeist der eskalierten Informationsnachfrage.

2.3.4 Zusammenarbeitskultur

Wenn Maßnahmen mitgetragen werden sollen, führt an kooperativer Führung und dem gemeinsamen Erarbeiten von Inhalten kein Weg vorbei.

Beispiel

Kofi Annan erzählte bei einem Vortrag im Parlament in Wien: Sechs Wochen nach Amtsantritt als Generalsekretär der Vereinten Nationen warf man ihm im Sicherheitsrat vor, noch keine komplette Reform der UN-Institutionen vorgelegt zu haben. Er entschuldigte sich, dass es in den ersten sechs Wochen nach Amtsantritt noch nicht gelungen war, eine komplette Reform der UN-Institutionen vorzulegen. Der russische Außenminister Lawrow sagte zu Kofi Annan: „Was meinen Sie? Gott erschuf die Welt in sieben Tagen. Da werden Sie doch die UN-Reform in sechs Wochen schaffen." Kofi Annan entgegnete sehr weise. „Wissen Sie, Gott hatte einen entscheidenden Vorteil." Pause. „Er arbeitete allein." (vgl. UN 2005)

„Wenn Führungskräfte mit allen Lösungen aufwarten müssen, dann werden wir scheitern."
Howard Sublett[6]

Aus Wissen beziehen viele Menschen einen großen Teil ihres Selbstwertgefühls. Bei Wissensmanagement managen wir also etwas, woraus die Menschen ihr Selbstbewusstsein beziehen. Die Aufgabe könnte also heikler nicht sein.

Wissen und Information sind proprietär, sie gehören jemandem. Wir hören deshalb Dinge wie „mein Excel" oder „meine Datenbank". Mehr oder weniger Wissen entscheidet oft über Job-Chancen, Job-Sicherheit, Bezahlung, Prestige und die Selbstwahrnehmung einer Person.

Bei Wissen geht es also zentral um den Selbstwert von Menschen – und warum würden wir den beschädigen wollen, wenn diese Menschen mit Freude für unser Unternehmen arbeiten und Kunden mit ihrer Begeisterung anstecken sollen? Das geht besser. Kritischer Erfolgsfaktor ist

---

[6] https://twitter.com/GDruckerForum/status/1197424882574909440.

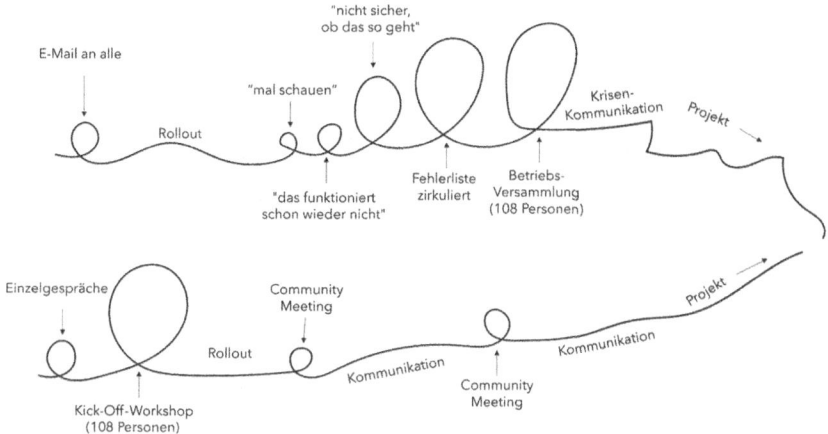

Abb. 2.6 „Rentabilität" von Zusammenarbeitskultur

gerade in so heiklen Fragen die Einbeziehung: **Was Menschen mitgestalten, werden sie mittragen.** Deshalb hat die Zeit, die am Anfang in
gemeinsame Gestaltung investiert wird, die beste „Rendite".
Tatsächlich gibt es zwei mögliche Verläufe (Abb. 2.6).

2.3.5 Digitalisierung, menschliche und künstliche Intelligenz

Der Prozess der Automatisierung greift derzeit auf **komplexere Wissensarbeit** über, allerdings nur dort, wo Wissen repetitiv, kodifiziert und
systematisierbar ist.

Wie in den vorangegangenen Kapiteln diskutiert, bewegen sich Informationsmengen und Kommunikationsanforderungen von heute in vielen Fällen bereits klar jenseits des individuell Bewältigbaren.

Der Zuruf „Die Roboter werden den Menschen die Arbeit wegnehmen!"
müsste heute wohl in vielen Fällen mit „Hoffentlich!" beantwortet werden.
Trotz laufender Digitalisierung, dem Auslagern an Call-Center und Bots und
FAQs stöhnt Wissensarbeit unter einer immer drückender werdenden Last
an Kommunikations-, Korrespondenz- und Lesezeit. Die Reduktion von In-
formations- und Kommunikationsstress durch zunehmende Digitalisierung

und Automatisierung bleibt aktuell trotz intensiver, laufender Bemühungen
weit hinter Möglichkeiten und Bedarf. Vielfach liegt dies jedoch nicht an
fehlenden Budgets. Die häufigste Ursache hinterherhinkender Digitalisierung liegt im Fehlen von IT-Fachkräften.

Künstliche Intelligenz
Zu Beginn empfiehlt sich eine Begriffsklärung: Künstliche Intelligenz unterscheidet sich von Automatisierung oder Digitalisierung darin, dass künstliche
Intelligenz Probleme auch jenseits des reinen Abarbeitens eines vorgegebenen
Standardprozesses löst. Die nächste Stufe künstlicher Intelligenz bildet Machine Learning: Dabei lernt der Algorithmus während seiner Tätigkeit und
erarbeitet sich eine Domäne selbstständig, integriert das Gelernte in die
nächsten Aufgaben und entwickelt sich selbst weiter.

> Ein Schachcomputer ist nicht intelligent. Wäre er intelligent, würde er
> sagen: „Ich mache morgen etwas anderes."
> Vince Ebert

Was an einer Maschine ist also intelligent? Tatsächlich bezeichnen wir
Maschinen oder Algorithmen als intelligent, wenn sie selbstständig Probleme lösen. Zumeist geschieht das durch Analyse und Optimierung.
Selbsttätig neue Aufgaben abzuleiten und die ursprüngliche Aufgabe
oder sogar das ursprünglich programmierte Regelwerk zu hinterfragen,
wäre dann eine sogenannte Superintelligenz (die es noch nicht gibt).
   In welcher Weise unterscheidet sich daher Wissensarbeit davon, was
eine künstliche Intelligenz leisten könnte? Was kann die künstliche Intelligenz nicht? Auch nicht in Zukunft? Einer künstlichen Intelligenz können wir durchaus knifflige Aufgaben stellen, die massenhaft abzuarbeiten
sind, also beispielsweise das Vergleichen hunderttausender Röntgenbilder
in wenigen Minuten oder das Beschlagworten tausender Fotos.

> Es mangelt uns nicht an Ideen.
> Wir haben einen Mangel an fähigen Umsetzern.
> Antonio Nieto Rodriguez[7]

---

[7] https://twitter.com/IsabellaMader_/status/930193450024292352.

Human Intelligence Tasks (HIT), die von künstlicher Intelligenz nicht annähernd so gut wie Menschen oder nur viel teurer als menschliche Leistung erbracht werden können, sind derzeit und in näherer Zukunft:

* **Hochspezialisierte Tätigkeiten**, die umfangreiches, schwer zu erklärendes Wissen und die Fähigkeit der gedanklichen Synthese und Erfindungsreichtum benötigen, z. B. das Lösen eines Konstruktionsproblems, bei dem ein neues, überlegenes Produkt entsteht.
* **Menschliche Qualitäten** wie das Talent, andere zu begeistern oder kreative neue Lösungen zu erdenken, Zusammengehörigkeitsgefühl zu erzeugen u. v. m.
* **Einfache Tätigkeiten**, die keine besondere Ausbildung, sondern nur menschliche Wahrnehmung benötigen, die maschineller Bearbeitung derzeit noch klar überlegen ist, etwa das Durchsehen von Videos auf verbotenem Content, also Hassrede, Gewalt etc. (wird bis heute von YouTube an menschliche Dienstleister delegiert).

Beispiel

Die einfachen **Human Intelligence Tasks** werden auf der Plattform Amazon Mechanical Turk (mturk.com) zu Dumpingpreisen an Menschen vergeben. Die ursprüngliche Idee war, dass Menschen aus Entwicklungsländern diese Dienstleistungen erbringen (zumeist unter 1 Dollar die Stunde). Tatsächlich lässt sich mit der Webseite mturk-tracker.com überprüfen, dass im ersten Halbjahr 2021 ca. 60 Prozent, im zweiten Halbjahr 2021 über 70 Prozent und im ersten Halbjahr 2022 ca. 80 Prozent der Dienstleister aus den USA sind, die zu diesen Dumpinglöhnen arbeiten (Difallah et al. 2018). Der gesetzliche Mindestlohn in den USA liegt 2022 bei mindestens US-Dollar 7,25.

2.3.6 Gesundheit und Arbeitswelt

Der Mensch hat in seiner Entwicklungsgeschichte eine gewisse Resistenz und Resilienz gegenüber Beeinträchtigungen und Belastungen aufgebaut: Naturkatastrophen, Krankheit, Schicksalsschläge: Damit kann der Mensch umgehen. Wir kehren nach einiger Zeit zumeist wieder in gute körperliche und psychische Verfassung zurück. Seit vielen Jahren ist der

moderne Mensch nun einem neuen Phänomen ausgesetzt: Informations-
und Kommunikationsstress und einer Art permanentem „Standby" –
dauernde Erreichbarkeit ohne Pause.

In Studien mit Fokus auf Störungen und Unterbrechungen im Arbeitsumfeld werden substanzielle gesundheitliche Beeinträchtigungen sowohl
im Bereich körperlicher als auch psychosomatischer Beschwerden durch
Kommunikationsstress und Unterbrechungen berichtet (Rigotti 2016;
Keller et al. 2020; Lin et al. 2013; Kottwitz et al. 2013). Personen mit
häufigeren Unterbrechungen leiden an deutlich stärkerer Erschöpfung
(Lin et al. 2013).

Effekte der Covid-19-Pandemie
Zahllose Studien im Gefolge der Covid-19-Pandemie zeigen außerdem auf,
dass allein im ersten Jahr der Pandemie ein Anstieg bei Fällen von **Depression**
um mindestens 25 Prozent zu verzeichnen war (Santomauro et al. 2021).
Nicht alle Faktoren, die zu Depression führen, können von Unternehmen
beeinflusst werden. Dennoch kann (psychische) Gesundheit über betriebliches Gesundheitsmanagement unterstützt werden, etwa durch konsequentes Reduzieren von Unterbrechungen (Mader 2022).

Key Points

- Wussten Sie, dass wir Wissen oder Erfahrung gar nicht weitergeben können? Wir müssen Wissen und Erfahrungen durch eigenes Tun aufbauen,
um sie zu haben.
- Wird Wissen dokumentiert, ist es für andere Information – und will organisiert werden. Darum kümmert sich Informationsmanagement. Darauf setzt
Wissensmanagement auf und vernetzt Menschen mit Dokumenten, um
vorhandenes Wissen optimal zu teilen, Wissensarbeit produktiv zu machen.
Das Konzept des neuen Arbeitens kümmert sich schließlich um die Gestaltung zeitgemäßer Arbeitsbedingungen.
- Mit welchen Rahmenbedingungen haben wir es heute in der Wissensarbeit zu tun? Informationsflut, Unterbrechungskultur, Kommunikationsstress, Zusammenarbeitskultur, Digitalisierung sowie mit Gesundheit und
Arbeitswelt.

Literatur

Aamodt, A., Nygard, M. (1995) Different Roles and mutual dependencies of data, information, and knowledge. Data & Knowledge Engineering 16 (3), Elsevier Holland, 195–222. https://doi.org/10.1016/0169-023X(95)00017-M

Adobe (2021) State of Work 2021: Wie COVID-19 die Art und Weise, wie wir arbeiten, für immer verändert hat. Report für Deutschland. Studie. Adobe. San José, CA/USA.

Baethge, A., Rigotti, T. (2013) Auswirkung von Arbeitsunterbrechungen und Multitasking auf Leistungsfähigkeit und Gesundheit. Eine Tagebuchstudie bei Gesundheits- und KrankenpflegerInnen. 1. Auflage. Bundesanstalt für Arbeitsschutz und Arbeitsmedizin 2013. Dortmund.

BAuA (2019) Arbeitsunterbrechungen und Multitasking täglich meistern. Bundesanstalt für Arbeitsschutz und Arbeitsmedizin (BAuA). Dortmund. https://doi.org/10.21934/baua:praxis20170914

Bergmann, F. (2019) New Work New Culture: Work we want and a culture that strengthens us. John Hunt Publishing. Alresford.

Brown, E. G. (2014) The Time Bandit Solution: Recovering Stolen Time You Never Knew You Had. Cohen Brown Management Group. Los Angeles.

Buchner, A. (2012) Funktionen und Modelle des Gedächtnisses. In: Karnath, H.-O., Thier, P.: Kognitive Neurowissenschaften. 3. Aufl. Berlin/Heidelberg: Springer Verlag. Berlin/Heidelberg.

Cerasoli, C. P., Alliger, G. M., Donsbach, J. S., Mathieu, J. E., Tannenbaum, S. I., Orvis, K. A. (2018) Antecedents and outcomes of informal learning behaviors: A meta-analysis. Journal of Business and Psychology, 33(2). 203–230. https://doi.org/10.1007/s10869-017-9492-y

Chui, M., Manyika, J., Bughin, J. et al. (2012) The social economy: Unlocking value and productivity through social technologies. McKinsey Global Institute. Washington, DC.

Clifton, J., Wigert, B. (2021) Bet on It: 37% of Desks Will Be Empty. The Chairman's Blog. Gallup. Online: www.gallup.com/workplace/357779/bet-desks-empty.aspx

Cowan, N., Morey, C. C., Naveh-Benjamin, M. (2021) An Embedded-Processes Approach to Working Memory. In: Logie, R., Camos, V., Cowan, N. (Hrsg.): Working Memory. State of the Science. Oxford University Press. Oxford.

Dabbish, L., Mark, G., Gonzalez, V. (2011) Why Do I Keep Interrupting Myself? Environment, Habit and Self-Interruption. CHI '11: Proceedings of the

SIGCHI Conference on Human Factors in Computing Systems, May 2011. 3127–3130. https://doi.org/10.1145/1978942.1979405

Davis, M. C., Leach, D. J. and Clegg, C. W. (2011) The Physical Environment of the Office: Contemporary and Emerging Issues, in: Hodgkinson, G. P., Ford, J. K. (Hrsg.) International Review of Industrial and Organizational Psychology 2011, Vol. 26. John Wiley & Sons. Chichester/UK. https://doi.org/10.1002/9781119992592.ch6

Difallah, D. Filatova, E., Ipeirotis, P. (2018) Demographics and Dynamics of Mechanical Turk Workers. In Proceedings of the Eleventh ACM International Conference on Web Search and Data Mining (WSDM '18). Association for Computing Machinery. New York, USA/NY. 135–143. https://doi.org/10.1145/3159652.3159661. Live online Tracker: https://demographics.mturk-tracker.com/#/countries/all (abgerufen 5.6.2022).

Drucker, P. F. (1959) The Landmarks of Tomorrow. New York: Harper & Brothers.

Ermine, J.-L. (2018) Knowledge Management. The Creative Loop. Vol. 5. ISTE/Wiley. London/Hoboken.

Erpenbeck, J., von Rosenstiel, L., Grote, S., Sauter, W. (2017) Handbuch Kompetenzmessung: Erkennen, verstehen und bewerten von Kompetenzen in der betrieblichen, pädagogischen und psychologischen Praxis. 3. überarbeitete und erweiterte Auflage. Schäffer-Poeschel. Stuttgart.

Feldman, S., Sherman, C. (2001) The High Cost of Not Finding Information. IDC White Paper. IDC. Framingham, MA/USA.

Hansgaard, (2017) Three "Killer" Discoveries of 2016. PMI Panama, Vol. 04, Feb. 2017. 24–25.

Helm, R.; Meckl, R.; Sodeik, N. (2007) Systematisierung der Erfolgsfaktoren von Wissensmanagement auf Basis der bisherigen empirischen Forschung. ZfB Zeitschrift für Betriebswirtschaft, 77 (2). 211–241.

Herget, J. (2004) Informationsmanagement. In: Kuhlen, R., Seeger, T., Strauch, D. (Hrsg.) Grundlagen der praktischen Information und Dokumentation. Band 1. Handbuch zur Einführung in die Informationswissenschaft und -praxis. 5. völlig neu gefasste Auflage, K G Saur. München.

IDC (2018) The State of Data Discovery and Cataloging. IDC InfoBrief. IDC. Needham, MA/USA.

Keller, A. C., Meier, L. L., Elfering, A., Semmer, N. K. (2020) Please wait until I am done! Longitudinal effects of work interruptions on employee well-being, Work & Stress, 34:2, 148–167. https://doi.org/10.1080/0267837 3.2019.1579266

Kottwitz, M. U., Meier, L. L., Jacobshagen, N., Kälin, W., Elfering, A., Hennig, J., Semmer, N. K. (2013) Illegitimate tasks associated with higher cortisol levels among male employees when subjective health is relatively low: an intra-individual analysis. Scandinavian Journal of Work, Environment & Health, 39(3), 310–318. https://doi.org/10.5271/sjweh.3334

Kritikos, A. S., Schiersch, A., Stiel, C. (2021) Produktivität ist bei den wissensintensiven Unternehmensdienstleistungen erheblich gesunken. DWI Wochenbericht 21/2021. DIW Deutsches Institut für Wirtschaftsforschung e.V. Berlin. Online: https://www.diw.de/documents/publikationen/73/diw_1.c.818598.de/21-21-1.pdf

Lehner, F. (2008) KnowMetrix. Ein neuer Ansatz zur Erfolgsmessung im Wissensmanagement und erste Praxiserfahrungen. Konferenzband, Know-Tech, Frankfurt/Main: 470–479.

Lehner, F. (2021) Wissensmanagement: Grundlagen, Methoden und technische Unterstützung. 7. überarbeitete und erweiterte Auflage. Carl Hanser Verlag.

Lin, B. C., Kain, J. M., & Fritz, C. (2013) Don't interrupt me! An examination of the relationship between intrusions at work and employee strain. International Journal of Stress Management, 20(2), 77–94.

Mader, I. (2007) Die Toolbox des strategischen Informations- und Wissensmanagements. IMAC, Konstanz.

Mader, I. (2022) Psychische Gesundheit und der Post-Covid Arbeitsplatz. Excellence Research. Wien.

Mader, I., Herget, J. (2008) InfoMap – Ein Meta-Instrument zur Evaluation des Informationsmanagements. Konferenzbeitrag, DGI Online Tagung 2008, Frankfurt/Main.

Mankins, M., Brahm, C., Caimi, G. (2014) So managen Sie Ihr knappstes Gut. Harvard Business Manager, 10/2014.

Mark, G., González, V.M., Harris, J. (2005) No task left behind? Examining the nature of fragmented work. Proceedings of the SIGCHI Conference on Human Factors in Computing Systems. https://doi.org/10.1145/1054972.1055017

Nonaka, I. (1991) The Knowledge-Creating Company. Harvard Business Review, 69 (1991). 96–104.

Nonaka, I., Takeuchi, H. (1995) The Knowledge-creating Company: How the Japanese Companies Create the Dynamics of Innovation. Oxford University Press. Oxford.

North, K. (2021) Wissensorientierte Unternehmensführung: Wissensmanagement im digitalen Wandel. 7., vollständig überarbeitete Auflage. Springer Gabler. Wiesbaden.

Polanyi, (1958) Personal Knowledge. Towards a Post-Critical Philosophy. Chicago: University of Chicago Press.

Polanyi (1966) The Tacit Dimension. Garden City, USA/NY: Doubleday.

Probst, G., Raub, S., Romhardt, K. (2012) Wissen managen. 7. Auflage. Springer-Gabler. Wiesbaden.

Rigotti, T. (2016) Psychische Gesundheit in der Arbeitswelt. Störungen und Unterbrechungen. Forscshungsbericht (Projekt F 2353). Bundesanstalt für Arbeitsschutz und Arbeitsmedizin BAuA): Dortmund/Berlin/Dresden.

Santomauro, D. F., Mantilla Herrera, A. M., Shadid, J. et al. (2021): Global prevalence and burden of depressive and anxiety disorders in 204 countries and territories in 2020 due to the Covid-19 pandemic. The Lancet, 8. Oktober 2021, ISSN 0140-6736. https://doi.org/10.1016/S0140-6736(21)02143-7

Schütt, P. (2003) Die dritte Generation des Wissensmanagements. In: Gronau, N. (Hrsg.) Wissensmanagement: Potenziale - Konzepte - Werkzeuge. Gito Verlag, Berlin. 33–39.

Spira, J. B. (2011) Overload! How Too Much Information is Hazardous to your Organization. Wiley. Hoboken.

Spira, J. B., Feintuch, J. B. (2005) The Cost of Not Paying Attention: How Interruptions Impact Knowledge Worker Productivity. Whitepaper. Basex. New York.

Tobinski, D. (2017) Kognitive Psychologie. Problemlösen, Komplexität und Gedächtnis. Springer Nature. Heidelberg.

UN (United Nations) (2005) Transcript of Press Conference by Secretary-General Kofi Annan at United Nations Headquarters, 13 September 2005. Hinweis: https://press.un.org/en/2005/sgsm10089.doc.htm. *Dieser Text erzählt die gleiche Geschichte. Von dem im vorliegenden Buch geschilderten Event gibt es kein Transkript.*

Verberne, S., He, J., Wiggers, G., et al. (2019) Information search in a professional context – exploring a collection of professional search tasks. In: Proceedings of SIGIR, Paris, Frankreich, S. 1–5 (2019). https://doi.org/10.48550/arXiv.1905.04577

Willke, H. (2018) Einführung-systemische-Wissensmanagement. 4. Auflage. Carl Auer Verlag. Heidelberg.

Wolf, T., Decker, S., Abecker, A. (1999) Unterstützung des Wissensmanagements durch Informations- und Kommunikationstechnologie. In: Scheer, A.-W., Nüttgens, M. (Hrsg.), Electronic Business Engineering/4. Internationale Tagung Wirtschaftsinformatik. 746–766. https://doi.org/10.1007/978-3-642-58663-7_39

Zapier (2021) Meetings aren't killing productivity; data entry is. Whitepaper. Zapier, Inc. San Francisco.

3

Wissen als zentraler Wettbewerbsfaktor

Die Effektivität, mit der Information und Wissen passend zu den Bedarfen einer Organisation gemanagt werden, ist ein Schlüsselfaktor für die Wettbewerbsfähigkeit und den Erfolg von Organisationen. Wissen und Kompetenzen der Mitarbeitenden einerseits sowie deren Verfügbarkeit andererseits spielen nicht nur im betrieblichen Alltag, sondern auch bei der (Weiter-)Entwicklung von Geschäftsmodellen und für das Innovationspotenzial von Organisationen eine zunehmend bedeutsamere Rolle.

Vielleicht der größte Teil des Unternehmenswerts kann aus einem Vorsprung an Expertise, Know-how und Wissen im weitesten Sinne bestehen. Dazu gehört sicherlich nicht nur in Ausbildung erworbenes Wissen (**Know-what**) und Anwendungs- und Prozesswissen (**Know-how**), sondern auch Wissen über Zusammenhänge oder Hintergründe (**Know-why**) und Kontakte, Netzwerke und lange aufgebautes Vertrauen (**Know-who**) (vgl. Bernaert und Poels 2011).

© Der/die Autor(en), exklusiv lizenziert an Springer-Verlag GmbH, DE, ein Teil von Springer Nature 2023
I. Mader, *Wissensmanagement erfolgreich umsetzen*, Beratung im Fokus,
https://doi.org/10.1007/978-3-662-66763-7_3

3.1   Probleme im Umgang mit Wissen

Der Anspruch, Wissensarbeit produktiv zu machen, ist in den allermeisten Organisationen bis heute nicht zufriedenstellend gelöst worden. Immer noch vergeuden wir bis zu 40 Prozent der Tagesarbeitszeit mit Rückkonzentration nach Unterbrechungen, immer noch – in den letzten 20 Jahren unverändert – suchen wir bis zu drei Stunden pro Tag und Person nach Informationen, immer noch geht wertvolle Expertise in Pension oder zur Konkurrenz, weil wir vermeinen, organisationskritisches Wissen könne man googeln. **Bei einer seit den 1970er-Jahren mindestens verdreißigfachten Menge an Informationen arbeiten wir häufig nur schneller statt smarter. Dass diese Rechnung nicht aufgehen wird, liegt auf der Hand. Es braucht eine Professionalisierung im Umgang mit Wissen in der Organisation.**

Bevor wir uns den Lösungen zuwenden, sehen wir uns doch zuerst einmal bei den derzeit auftretenden Herausforderungen um. Im Folgenden werden jene Punkte diskutiert, die im privaten wie im öffentlichen Sektor beklagt werden.

3.1.1   Fehlende Strategie, fehlendes Strategie-Alignment

Häufig fehlt in der Praxis eine Strategie in Bezug auf den Umgang mit Wissen und Information. Welches Wissen ist organisationskritisch – also ausschlaggebend für den Erfolg der Organisation? Das kann Konstruktionsexpertise genauso sein wie die guten Kontakte zu Kunden oder die Problemlösungskompetenz des Logistik-Teams – wahrscheinlich all dieses Wissen und die damit verbundenen Fähigkeiten. Und sicherlich noch eine Reihe weitere. Gibt es isolierte Expertise – also etwas, das nur eine Person kann oder weiß? Stellen wir auf systematische Weise sicher, dass wir die besten Expertisen in unserer Organisation nicht mit sinnloser Unterbrechungskultur lahmlegen? Alles das ist systematisch organisiert und sichergestellt? Nein? Sie sind nicht allein.

Fehlendes Alignment mit der Strategie der Organisation
Alignment ist der Fachbegriff für Abstimmung: Können Managementsysteme (hier: Wissensmanagement), Projekte oder Initiativen nicht dar-

stellen, wie sie in die Gesamtstrategie hineinarbeiten und diese unterstützen, so führt dies entweder dazu, dass sie gar nicht erst genehmigt werden, oder sie bleiben das Steckenpferd einer Person oder einiger weniger Initiatoren und erreichen keine Relevanz.

Tätigkeiten des Wissensmanagements werden nicht priorisiert
Die Unterstützung der Geschäftsführung oder der Führungskräfte ist für den Erfolg von Wissensmanagement-Maßnahmen essenziell. Ergebnisse können in relevantem Ausmaß auch nur erzielt werden, wenn Zeit und/oder Budget zur Verfügung stehen.

3.1.2 Individuum: Kompetenz & Wissenstransfer

Typische Probleme im Bereich von Kompetenzaufbau und Wissenstransfer zeigen sich in den folgenden Bereichen.

Beispiel

Nach der Kündigung einer jungen Kollegin im Verkaufsinnendienst gingen die Zahlen der Abschlüsse deutlich zurück. Die Ursache war zuerst unklar. Schließlich rief der Betriebsratsvorsitzende bei ein paar der ehemaligen Kunden an. Es stellte sich heraus, dass es viele Kleinigkeiten waren: Angebote waren z. B. nach den Vorgaben der Ausschreibung formatiert. Die ehemalige Mitarbeiterin fragte nach, ob noch Änderungen nötig wären. Sie kannte Spezifika, auf die Kunden Wert legten. Die Nachfolge verwendete einen Standard, alle bekamen die gleiche Struktur. Das war effizient – nicht aber für die Kunden. Einschulung für die Nachfolge gab es keine, der Job war ja nicht so schwierig.

Wissensverlust bei Stellenwechsel und Pensionierung
Vielleicht hören wir von singulären Wissensträgern, wenn die Einschulung einer Vertretung thematisiert wird: „Das ist nicht nötig, Ihr könnt mich im Urlaub anrufen." Das ist sehr nett, aber indiskutabel. Abgesehen davon, dass jeder Mensch einmal Erholung braucht, so kann – hoffentlich nicht! – jedem einmal etwas passieren und man fällt aus.

Langfristige Zielrichtung wäre es, mit geeigneten Maßnahmen zu vermeiden, dass es singuläre Wissensträger im Unternehmen gibt. Ein umfassender Wissenstransfer vor der Pensionierung sollte nur zu Beginn von Wissensmanagement-Maßnahmen nötig sein. Die Erwartung an gereiftes Wissensmanagement ist, dass laufend Wissen geteilt und verfügbar gemacht wird und Organisationen zu keinem Zeitpunkt von einzelnen Wissensträgern so abhängen, dass kein Urlaub in Ruhe stattfinden kann oder organisationskritische Agenden wegbrechen, wenn jemand längere Zeit ausfällt oder im Streit kündigt.

Wissen aus Projekten geht verloren
Nicht immer betreuen und managen die gleichen Personen die Projekte eines Bereichs. Wissen, das in Projekten gesammelt wurde, wirkt nicht nur auf das Erscheinungsbild nach außen, sondern trägt zur Reduktion von Fehlern und Doppelgleisigkeiten bei. Leider geht dieses Wissen häufig verloren.

Wissensaufbau nicht zufriedenstellend organisiert
Lernen, Aufbau und Entwicklung von organisationskritischem Wissen erfolgt überwiegend **informell** (Abschn. 2.1.3), d. h. in der Praxis, beispielsweise durch die Mitarbeit in Projekten.

Bei Kompetenzentwicklung geht es nicht nur um Wissensaufbau allein, sondern um das Entwickeln von Menschen und von Fähigkeiten, die es erlauben, eine Tätigkeit unter wechselnden Bedingungen gut auszuüben. Ein sehr inspirierendes Beispiel dazu stammt aus der Geschichte von Tupperware.

Beispiel

Rick Goings, der langjährige CEO von Tupperware Brands, unter dessen Ägide von 1992 bis 2017 das Unternehmen bemerkenswerten internationalen Aufstieg und Erfolg erreichte, erzählte bei einem Meeting in Alpbach, dass er zu Beginn seiner Tätigkeit an einer der Schulungen für Mitarbeitende teilnahm. Dabei ging es um Produkte und um Verkaufsziele.

Goings stellte daraufhin die Schulungen um, sodass der Fokus auf Selbstmanagement, Präsentation, Persönlichkeitsentwicklung, Rhetorik und Verhandlung lag und erst in zweiter Linie auf Produktwissen. Den Teil der Persönlichkeitsentwicklung unterrichtete er häufig selbst. Er ließ damit das Tupperware-Motto von Brownie Wise (die die Tupperware-Partys erfand) aus den 1950er-Jahren wieder aufleben: „Wenn wir Menschen aufbauen, werden sie das Unternehmen aufbauen" (im englischen Original: „If we build the people, they'll build the business.")? Er sollte damit wie davor Brownie Wise Recht behalten (vgl. Gudreau 2011; Clarke 1999).

Einschulung und Onboarding
Insbesondere bei schnellem Wachstum oder hoher Fluktuation werden Einschulung und Onboarding für die bestehende, erfahrene Belegschaft zur zeitlichen Belastung: Viele Neue stellen erfahrenen Experten viele Fragen und konsumieren zeitlich stark belastete Kollegen zusätzlich.

Mit gezielten Maßnahmen des Wissensmanagements kann Onboarding nachhaltiger und die Einschulungszeit effizienter gestaltet werden, sodass neue Mitarbeitende früher operativ einsetzbar sind (Neugierige schlagen dazu beispielsweise nach unter **Junior-System** (Abschn. 6.26)).

Fehlende Kenntnisse in zeitgemäßem Wissensmanagement
Wissensmanagement gehört leider nicht zu den Standards, die wir als Basiswissen voraussetzen können. Wissensmanagement ist nicht Gegenstand der allgemeinen Lehrpläne und nur vereinzelt an Universitäten anzutreffen. Wir müssen es deshalb im Unternehmen vermitteln.

3.1.3 Kultur, Management und Gesundheit

Wenn wir darauf warten, dass sich die Kultur ändert, bevor Wissensmanagement oder New Work Fuß fassen können, dann werden wir lange warten.

Sowohl Wissensmanagement als auch New Work sind eine Gelegenheit zur Gestaltung von Kultur – weil sie sich letztlich mit Themen beschäftigen, die alle arbeitenden Menschen betreffen: Engagement, Freude, Schaffenskraft, Ideen, Wertschätzung und mehr.

Typische Kulturprobleme im Umfeld von Wissensmanagement sind: „Wissen ist Macht": „Arbeitsplatzsicherung", Erhalt der „Wichtigkeit", Vertrauensverlust. Man versucht, sich bei allem doppelt abzusichern, informelle Kontakte und Gespräche sind unerwünscht, stattdessen: Gerüchte und Cliquenbildung, aber auch mangelnde Wertschätzung von Expertise und Erfahrung.

3.1.3.1   Kultur geht von der Führung aus

Wenn wir Kultur gestalten wollen, dann funktioniert das am besten darüber, wie wir im Alltag agieren. Unternehmenskultur-Workshops mit der Zielsetzung einer Kulturänderung schlagen fehl, wenn die Führungspersönlichkeiten einer Organisation durch ihr Verhalten eine andere Kultur unterstützen als jene, die erwünscht ist. Die Mitglieder einer Organisation erkennen unmittelbar, welches Verhalten in einer Organisation unter einer bestimmten Führung erfolgreich ist und welches nicht.

3.1.3.2   Paradigmenwechsel bei Incentives

Die Konzepte des industriegesellschaftlichen Managements, die überwiegend körperliche Arbeit automatisierten und optimierten, funktionieren für die Optimierung von Wissensarbeit nicht. Vielfach replizierte Studien zeigen, dass geldwerte Boni für körperliche Arbeit funktionieren, für Wissensarbeit aber gegenteilige Effekte erzielen: Die Leistung sinkt, vielleicht weil sich Wissensarbeitende nicht „bestechen" lassen (Deming 2018; Ariely et al. 2005; Kohn 2018; Bowles 2009; Bergmann 2019; Berger et al. 2019).

3.1.3.3   „Always on": Kommunikationsstress gefährdet die Gesundheit

E-Mails am Wochenende. Überstunden, weil Sie im Büro vor 19 Uhr wegen der vielen Unterbrechungen inhaltliche Arbeit nicht schaffen. Berge von Nachrichten, Rückfragen, Unterlagen. Und jedes Jahr werden es mehr. Dauernde Verfügbarkeit, wenige Pausen und kaum Wochenenden ohne Störungen reduzieren unsere Energie und erschöpfen uns schleichend.

3.1.4 Produktivitätsprobleme

In der zur Verfügung stehenden Arbeitszeit müsste mehr zu schaffen sein und auch Zeit für Kreativleistung bleiben. Kaum eine Organisation, in der dies nicht beklagt wird. Strukturelle Überlastung der Belegschaft und Produktivitätsprobleme sind heute die Klassiker des betrieblichen Alltags. Die Produktivität wissensintensiver Dienstleistungen sank zwischen 1995 und 2014 um mehr als 40 Prozent und erholt sich seitdem nur leicht (das sind leider die neuesten, verfügbaren Zahlen). Die Produktivität unternehmensnaher, wissensintensiver Dienstleistungen ist heute um mehr als ein Drittel niedriger als Mitte der 1990er-Jahre, wobei größere Unternehmen zwischen 2008 und 2017 höhere Produktivitätsverluste (minus 20 Prozent) als kleinere (minus 6 Prozent) verzeichnen (Kritikos et al. 2021). Während die Arbeitsproduktivität der Informations- und Kommunikationsdienstleistungen seit 1995 um rund 250 Prozent anstieg, sank jene der wissensbasierten, unternehmensnahen Dienstleistungen über den gesamten Zeitraum um 37 Prozent (Kritikos et al. 2021).

Wie kann das alles sein? Ein Teil des geschilderten Phänomens ist mit der gesamtgesellschaftlichen **Informationsflut** (Abschn. 2.3.1) erklärt, der andere mit unserem inadäquaten **Informationsverhalten** (Abschn. 2.3.2). **Wir arbeiten so, als wären wir in Bezug auf die Informationsmengen noch in den 1970er-Jahren.** Dabei sind Produktivität und dadurch für Innovation verfügbare Kreativität für Unternehmen ein Schlüsselfaktor, wenn es um Erfolg geht. Der Erfolg von Organisationen hängt unter anderem davon ab, inwieweit wir in der Lage sind, menschliche, intelligente Arbeitsleistung von unproduktiven Routinen, wie etwa ewig repetitiven Rückfragen, Unterbrechungen und Routinen freizuspielen.

In Organisationen entstehen Produktivitätsprobleme im Wissens- und Informationsmanagement auf zwei Ebenen, auf denen auch Maßnahmen ansetzen können:

Die **organisationale Ebene** kümmert sich um Datenmanagement, Datenqualität, daraus abgeleitete Intelligence (hochwertige, verdichtete Business-Information), Informationsaufbereitung und **Informationsmanagement** (Abschn. 2.2.1), Wissensmanagement, konsequente Digitalisierung administrativer und repetitiver Standardprozesse, Reduktion unnötiger Selbstadministration und das Schaffen optimaler Rahmenbedingungen für menschliche Kreativleistung.

Das **Individuum** kümmert sich um die Veränderung des eigenen **Informationsverhaltens** und der Zusammenarbeitskultur und nutzt Angebote für den Aufbau von **Informations- und Medienkompetenz** (Abschn. 6.24) (Herget und Mader 2008), die Arbeitgeber im eigenen Interesse positiv besetzt anbieten.

3.1.5 Kollaboration: Probleme in der Zusammenarbeit

Je komplexer Projekte und Aufgaben werden, desto mehr Zusammenarbeit verschiedener Disziplinen und Bereiche ist nötig. Dennoch wird in der Praxis vielfach nicht nur mangelhafte Kollaboration beklagt, sondern auch mangelndes Mittragen von Maßnahmen und unproduktive Meeting-Kultur.

3.1.5.1 Mangelhafte Kollaboration

Gagné et al. zeigten in einer Studie über gelungenen und gescheiterten Wissenstransfer, dass erfolgreiche Wissensteilung hauptsächlich durch Sinnstiftung, Freude und selbststeuernde Arbeitsgestaltung motiviert wird, und dass es vor allem organisationsinterne Zwänge sind, die zum Verstecken von Wissen oder zum Verweigern von Wissensteilung führen. Der Auftrag, Wissen zu teilen, wirkt offenbar negativ auf die natürliche Neigung zur Wissensteilung. Die Autoren empfehlen, die Bedürfnisse nach Selbstwert durch Kompetenz, Autonomie (Freiheit in der persönlichen Arbeitsgestaltung) und Zugehörigkeit bzw. Einbindung in der Führung zu berücksichtigen (Gagné et al. 2019).

3.1.5.2 Mangelndes Mittragen von Maßnahmen

Rehman et al. (2021) entwickeln dazu aus ihren Forschungsergebnissen ein Modell, das eine Reihe von Komponenten und deren Einfluss auf Veränderungsbereitschaft, Mittragen von Maßnahmen und auf Resistenz untersucht. Sie unterscheiden:

1. Unterstützende, **direkte Interaktion zwischen Führungskraft und Mitarbeitenden**
2. Unterstützende, **organisationale Rahmenbedingungen.**

Damit kombiniert treten folgende Dimensionen der organisationalen Gerechtigkeit auf:

3. Empfundene **Verteilungsgerechtigkeit** innerhalb der Organisation
4. Empfundene Angemessenheit und **Gerechtigkeit der Prozesse**
5. Empfundene **Gerechtigkeit in persönlichen Interaktionen** (Rehman et al. 2021)

Die Autoren führen auch aus, dass fehlende Einbeziehung bzw. Berücksichtigung von Anliegen der Mitarbeitenden ein Grund für das Scheitern von Transformationsprozessen, Projekten und Initiativen sein kann. Bemerkenswert bei diesen Ergebnissen scheint, dass das Mittragen von Maßnahmen zu einem Gutteil von empfundener Gerechtigkeit abhängt.

In einer Studie zu Erfolgsfaktoren des Wissensmanagements (Mader 2019) konnte gezeigt werden, dass in fast allen Fällen das Mittragen von Maßnahmen durch gemeinsames Gestalten erreicht werden kann. Gemeinsame Gestaltung bringt eine überaus hohe „Rendite" (siehe dazu Abb. 2.6 im Abschn. 2.3.4).

3.1.5.3 Zu viele und unproduktive Meetings, ungeeignete Meeting-Kultur

Ein Drittel oder die Hälfte der Zeit, die wir in Meetings verbringen, ist unnötig (Cross und Carboni 2020). Gleichzeitig könnten gut gemachte Meetings effizienter sein als Einzelarbeit. **Die Überlastung der besten Mitarbeitenden mit unproduktiver Zeit gehört heute zu den größten Sünden des Managements.**

Ein simples Zuviel an Projekten kann jedoch auch auf eine strukturelle Überlastung oder Unterbesetzung hindeuten. Die Gefahr: Wir brennen unsere besten Leute aus.

Unproduktive Meetings
Asana (2022) schätzt in ihrem Globalen Bericht zur Anatomie der Arbeit 2022, dass Beschäftigte jede Woche drei Stunden durch unnötige Meetings verlieren. Pega (2018) kommt auf einen Wert von bis zu einer Stunde pro Tag, die sich bei Wegfallen unnötiger Meetings oder produktiverer Gestaltung derselben einsparen ließen. Auch wenn es im ersten Anlauf nur gelingt, die Hälfte davon einzusparen: Mehrere Stunden eingesparter Zeit können wir gut für wichtige Agenden gebrauchen.

Meeting-Kultur
Meetings unterbrechen die Arbeit und selbst während der Meetings treffen weitere Unterbrechungen ein. Womit werden Meetings selbst unterbrochen? Udemy nennt unter anderem Nebengespräche über andere Projekte, Telefonate, Zuspätkommende und früher Aufbrechende, Technologie- und Verbindungsprobleme (Udemy 2018).

Häufig beklagt werden außerdem Ablenkungen durch das Mobiltelefon (eintreffende Nachrichten, die während des Meetings beantwortet werden), fehlende Agenda und chaotische Vorgehensweise, das langwierige Klären von Themen, die nicht alle Anwesenden betreffen u. v. m.

3.1.6 Technologie, Digitalisierung

Technologie kann moderne Wissensarbeit auf vielfältige Weise unterstützen, ist aber nur eines von vielen möglichen Tools. Technologie kann beitragen zur Verkürzung von Suchzeiten, zur Reduktion von Unterbrechungen (allerdings nur, wenn Software nicht selbst Unterbrechungen generiert!), zur Entlastung von repetitiven Tätigkeiten, in der Automatisierung von Workflows u. v. m.

Software kann ein wunderbares Mittel der Wahl sein, das Teams unterstützt. Aber nicht immer: Ohne Begleitmaßnahmen, also die gemeinsame Feststellung des Bedarfs und die gemeinsame Auswahl fristen auch grundsätzlich geeignete Softwarelösungen oft ein Dornröschen-Dasein, kommen nicht in die intendierte Verwendung und entfalten schließlich keinen Nutzen.

Viele Unternehmen haben im Laufe der Jahre aufgrund der „Bestellung" einzelner Abteilungen nun ein Dickicht von Tools, das einen Teil der Zeitersparnis, die generiert werden sollte, gleich wieder konsumiert. Weniger ist mehr!

Vorsicht: Dubletten!
Wenn in das neue **Wiki** jede Menge Dokumente hochgeladen werden, die auf dem gemeinsamen Server ebenfalls gespeichert sind: Gratulation! Nun wurde mit einem IT-Tool, das Wissensmanagement unterstützen soll, eine Dublette generiert – und damit ein Wissensmanagement-Problem geschaffen, das es davor gar nicht gab.

Investition in künstliche Intelligenz braucht Wissensmanagement
Um Wissensarbeit von repetitiven, administrativen und massenhaft auftretenden Standards wie beispielsweise auch Auskünften entlasten zu können, braucht es auch Investition in künstliche Intelligenz. Grundlage für das Erarbeiten von Anwendungen künstlicher Intelligenz – beginnend schon bei smarten Bots – sind strukturiert erarbeitete Inhalte, aus denen sich die künstliche Intelligenz dann „bedienen" kann. Eine Starmind-Studie (2021) zeigt, dass 62 Prozent der Beschäftigten davon ausgehen, dass ihnen künstliche Intelligenz mühselige Kleinarbeiten abnehmen wird und sie sich mehr auf ihre eigentliche Arbeit konzentrieren können.

3.1.7 New Work: Mannigfache Missverständnisse

Immer noch kommt es vor, dass Neues Arbeiten nach altem Schema erarbeitet wird: Zwei interne Projektmanager und zwei externe Consultants erarbeiten ein Programm und erklären dann allen anderen, wie sie ab morgen arbeiten werden. Das ist altes Arbeiten, nicht neues Arbeiten.
Was passierte in diesem Projekt? Widerstand, monatelange Streitereien, Interventionen, viel Zeit vergeht mit Krisenkommunikation, die Personalvertretung verlangt umfangreiche Änderungen, weitere Krisensitzungen finden statt. Monate wertvoller Zeit werden vergeudet und zuletzt sind Stimmung und Engagement verdorben und damit zentrales Potenzial für Erfolg beschädigt.

Warum geteilte Schreibtische nichts mit New Work zu tun haben
Nach der Präsentation der neuen New-Work-Initiativen blieb in der versammelten Belegschaft nur ein Thema übrig: Sie nehmen uns die Schreibtische weg. Warum? Der Schreibtisch und das Büro wirken identitätsstiftend. Viele Menschen nehmen das Konzept der geteilten Schreibtische so wahr wie die Anzahl an Liegen am Hotelpool: Wer zuerst aufsteht und eine Liege besetzt, behält sie den ganzen Tag. Deshalb finden Sie in der Toolbox in diesem Buch geteilte Schreibtische nicht als Methode, weil sie per se keinen Nutzen für die Arbeit haben. Stattdessen in der Toolbox: **Frei-Räume** (Abschn. 6.19): Mitarbeitende können frei wählen, ob sie in einem ruhigen oder interaktiven Umfeld arbeiten wollen, in einer anderen Abteilung, unterwegs oder im Home-Office.

Für und Wider bei der freien Wahl des Arbeitsortes
Wissen Menschen immer, was zu den besten Ergebnissen führt, für sie selbst, ihre Gesundheit und ihre Arbeit? Davon können wir leider grundsätzlich nicht ausgehen. Sie haben richtig gelesen. Menschen wählen auch manchmal, was bequemer ist, was weniger Aufwand ist – und nicht notwendigerweise, was die besseren Ergebnisse bringt. Dafür gibt es eine Reihe von Gründen, unter Umständen durchaus berechtigte:

Je nachdem, ob sie in einem inspirierenden, wertschätzenden Umfeld arbeiten oder eben nicht, würden Menschen entscheiden, im Büro zu sein oder eben nicht, wenn sie dort auf eine dysfunktionale Kultur treffen. Hier setzt Führungsaufgabe an: Liegt eine Kultur vor, für die Menschen gerne ins Büro kommen? Oder winken Beschäftigte lieber mit einer freundlichen Fassade die anstehenden Aufgaben per Videokonferenz durch und arbeiten ihre Aufgaben ab, ohne sich weiter einzubringen und zu engagieren? Dann werden wir eine schöne freundliche Oberfläche haben und darunter werden Engagement, Zusammenhalt, Qualität, Leistung und Erfolg erodieren.

Home-Office ist für viele Menschen eine massive Zeitersparnis. Aber: Der **Zusammenhalt** im Unternehmen leidet, zufällige Begegnungen, aus denen oft die besten Lösungen entstehen, finden nicht statt. Individuen entwickeln Bindung an jene Menschen, mit denen sie die meiste Zeit verbringen. Es kann deshalb sein, dass man nach ein paar Lockdowns oder viel Home-Office mehr Bindung zur Belegschaft an der Supermarktkasse nebenan hat als zu den Kolleginnen und Kollegen im Büro. Sowohl Büro als auch Home-Office können zur Unterbrechungsfalle werden: Jene Personen, die im Home-Office während der Schul-Lockdowns schulpflichtige Kinder hatten, wechselten zwischen der Rolle des Schulwarts, der Kantine, der Lehrkräfte und des Helpdesks und kamen zu kaum einem konzentrierten Gedanken.

Zu viel Arbeitszeit allein im Home-Office verändert messbar (!) die Gehirnchemie (über die Anreicherung spezieller Proteine) und führt über die Zeit zu dramatischen Verhaltensänderungen, ohne dass die Betroffenen das jedoch bemerken (Mader 2022). Damit würden von diesen Menschen Entscheidungen pro Isolation getroffen, die jedoch eindeutig ungünstige Folgen für ihre eigene Gesundheit und für ihre Arbeit hätten.

Die Anthropologin Donna Flynn argumentiert, dass Räume, und damit das Büro, auch Verhalten prägen und deshalb für das Etablieren und für den Erhalt einer Unternehmenskultur zentral seien (Flynn 2021).

Zu guter Letzt: Der zufällige Teil der Kommunikation fällt in einem Home-Office-Umfeld ebenfalls weg, Feedback erhält man nur mehr geplant, nicht spontan. Was tun?

Um Teamkultur aufrechtzuerhalten oder im digitalen Umfeld neu zu gestalten, führt Herget (2021) das **Konzept der digitalen Präsenz** ein, das vor allem Elemente der emotionalen Nähe in virtuellen Kommunikationsprozessen berücksichtigt. Er rät dazu, neue Rituale zu etablieren, etwa Check-ins, bei denen man sich beispielsweise zum informellen „virtuellen" Kaffee trifft. Speziell bei hybriden Teams entfällt oft dieser für den Zusammenhalt, das Vertrauen und den Wissenstausch so wichtige **informelle Kontakt** (Abschn. 2.1.3), der über gemeinsame Check-ins bis zu einem gewissen Grad aufrechterhalten werden kann.

3.2   Erfolgsfaktoren und Lessons Learned

Menschen, die seit den 1990er-Jahren im Arbeitsleben stehen, erinnern sich möglicherweise an Wissensmanagement-Initiativen, die mit viel Aufwand wenig oder keinen Nutzen stifteten.

Vielfach wird Wissensmanagement bis heute mit einem experimentellen Zugang verbunden. Experimentelle Zugänge empfehlen sich überall dort, wo grundlegend neuer Boden betreten wird, und um bestehende Konzepte zu hinterfragen. „Experimentelle" Vorgehensweisen sind in der Praxis auch deshalb verbreitet, weil die Erfolgsfaktoren zu Wissensmanagement aus über 30 Jahren der Disziplin zu wenig bekannt sind, obwohl seit 2007 relevante Publikationen dazu vorliegen (vgl. Helm et al. 2007; Lehner 2008; Mader 2019). Laienhafte Zugänge wiederholen deshalb häufig jene Fehler, die seit den 1990er-Jahren in der Disziplin gemacht wurden. Qualitätsmanagement oder Risikomanagement werden heute auch nicht „experimentell" betrieben, wenn man die Disziplin an sich beherrschen kann.

In diesem Kapitel finden sich Erfolgsfaktoren aus über 100 Praxisprojekten und aus über 10 Jahren, die mit einer Vergleichsstudie erhoben und mit früheren relevanten Publikationen abgeglichen wurden.

Das folgende Set verdichteter, kritischer Erfolgsfaktoren ergab sich aus diesen Kriterien:

- Faktoren, die der Grund für das Scheitern von Projekten waren, sollen als kritische Erfolgsfaktoren identifiziert werden.
- Faktoren, die von erfolgreichen Projekten nicht erfüllt werden, entfallen.

Mit dieser engen Definition verbleiben nur jene Faktoren, an denen Projekte tatsächlich scheiterten und die damit eine Art **Mindeststandard für Wissensmanagement-Projekte** darstellen.

3.2.1 Unterstützung durch das Top-Management

Dieser Punkt zieht sich durch alle Empfehlungen zu Erfolgsfaktoren. Kein Wunder: Stehen Führungskräfte nicht hinter den Maßnahmen, so sind die Erfolgsaussichten von Projekten generell reduziert: In der hier berichteten Erfolgsfaktoren-Studie war dies bei 33 Prozent der gescheiterten Projekte der für das Scheitern ausschlaggebende Punkt (Mader 2019). Zentral waren zwei Faktoren: Die Vorbildwirkung von

Führungskräften und die Verfügbarkeit von Ressourcen (die von Führungskräften freigegeben werden).

Die in der Praxis vielfach aus Einzelinitiativen gestarteten „Guerilla-Projekte" gelingen manchmal in einem abgegrenzten Bereich, erreichen aber selten Relevanz für die gesamte Organisation.

3.2.2 Strategie-Alignment: Abstimmung auf die Geschäftsstrategie

Im betrieblichen Alltag sollte nachgewiesen werden, wie Aktivitäten in die Geschäftsziele und Gesamtstrategie hineinarbeiten und diese unterstützen. Dieser Prozess der strategischen Abstimmung nennt sich „Alignment".

Wenn sich die Personen, die das Budget oder die Zeit für eine Initiative oder ein Projekt genehmigen, selbst zusammenreimen müssen, inwieweit die Investition in Wissensmanagement sinnvoll ist, spielen Projektanträge eine Art Roulette.

Eine Wissensmanagement-Strategie sollte deshalb von der Geschäftsstrategie abgeleitet sein und darstellen, wie sie die relevanten Ziele der Organisation unterstützt. Eine Wissensmanagement-Strategie zu haben, war in der hier zugrundeliegenden Erfolgsfaktoren-Studie kein kritischer Erfolgsfaktor: 75 Prozent der gescheiterten Wissensmanagement-Projekte hatten eine Wissensmanagement-Strategie. Als kritischer Erfolgsfaktor hingegen zeigte sich die fehlende Abstimmung auf die Gesamtstrategie der Organisation: Die gescheiterten Projekte konnten nicht klar zeigen, in welcher Weise sie die Geschäftsstrategie unterstützten. Bei zwei Projekten war dies sogar die Ursache des Scheiterns.

Alignment als Begriff wurde lange auch in einer sehr eingeschränkten Bedeutung dafür verwendet, um das Erreichen kurzfristiger, vorwiegend finanzieller Ziele sicherzustellen. Heute ist Alignment ein Instrument, mit dem auch höherwertige Ziele wie etwa ein gesellschaftlicher Beitrag, Humanismus, Nachhaltigkeit usw. unterstützt werden können. In gut gemachten Strategien geben wir nicht nur Ziele vor (Umsatzziele, Marktanteil usw.), sondern auch die Art, wie diese Ziele zu erreichen sind (Fairness, Kunden zuerst, Ressourcen-Schonung etc.).

Ziele allein vorzugeben, führt zu allerlei individuellen Interpretationen. **Strategisch operiert eine Organisation erst dann, wenn Mitarbeitende auf eine bestimmte Art ihre Ziele erreichen**: Mit Fairness und Respekt als Prinzipien und einer bestimmten Anzahl an Neukundenverträgen pro Quartal als Ziel gehen Beschäftigte anders vor, als wenn nur die Anzahl an Verträgen definiert ist.

Zur Umsetzung von Alignment siehe Abschn. 5.2.4.

3.2.3 Institutionalisierung von Wissensmanagement

Institutionalisierung bedeutet verkürzt: „Jemand sollte zuständig sein". In Organisationen von heute ist das allerdings eine Rolle, die ein Thema oder ein Managementsystem treibt, nicht jemand, der allen anderen ihre Wissensmanagement-Tätigkeiten abnimmt. Ein Wissensmanager oder eine Wissensmanagerin ist also nicht die Person, die für andere die Dokumentation und die Verschlagwortung macht: Das würde alle anderen aus der Pflicht entlassen. Gleichzeitig würde ein neues Wissensmanagement-Problem durch neue Abhängigkeit entstehen: Was passiert, wenn die Wissensmanagerin oder der Wissensmanager auf Urlaub ist?

Wie bei allen anderen Managementsystemen gilt: Selbstläufer gibt es nicht. Sehen Sie Wissensmanagement wie Qualitätsmanagement oder Prozessmanagement.

3.2.4 Kompetenzaufbau im Wissensmanagement

Zu Beginn eines gemeinsamen Prozesses starten wir am besten mit einem gemeinsamen Bild und einem möglichst einheitlichen, aktuellen Wissensstand. Am Beginn steht deshalb ein Briefing darüber, was unter Wissensmanagement und/oder New Work heute verstanden wird (und was nicht).

Bei 42 Prozent der gescheiterten Wissensmanagement-Projekte fehlte das Briefing zu Wissensmanagement. Ein Projekt scheiterte sogar konkret am Fehlen eines gemeinsamen Verständnisses darüber, was zeitgemäßes Wissensmanagement ausmacht (Mader 2019).

3.2.5 Gemeinsame Gestaltung

Projekte und Strategien, die von einer oder zwei Personen entwickelt werden, erleiden häufig das Schicksal, dass andere schon allein deshalb gegen ein Projekt ankämpfen oder es ignorieren, weil ihre Bedarfe nicht berücksichtigt wurden. Das ist keine schlechte Arbeitskultur, sondern völlig normales und erwartbares Verhalten, das auf einen Mangel im Projektmanagement zeigt, nicht auf ein Problem in der Belegschaft. Außerdem wird mit hoher Wahrscheinlichkeit tatsächlich Input übersehen worden sein. **Gemeinsame Gestaltung ist ein unerlässlicher Imperativ und eine Zeitinvestition, die sich mehrfach amortisiert.** Zunehmend wird der Erfolg von Unternehmen davon abhängen, ob sie es schaffen, möglichst viele Betroffene zu Mitgestaltern zu machen, und damit Engagement und Dynamik zu generieren, statt hinterher mit noch viel mehr Aufwand händeringend zu versuchen, sie dazu zu motivieren, die Ideen anderer mitzutragen. Erzwungene Compliance reicht für künftigen Erfolg sicherlich nicht aus.

3.2.6 Systematisches, strukturiertes Vorgehen

Dieser Punkt wurde in der Erfolgsfaktoren-Studie (Mader 2019) von allen erfolgreichen Wissensmanagement-Projekten erfüllt. Bei drei der gescheiterten Projekte war das Fehlen eines systematischen, strukturierten Vorgehens eine zentrale Ursache für das Scheitern.

Das bedeutet nicht, dass es keine erfolgreiche experimentelle Vorgehensweise im Wissensmanagement geben kann. Wenn einmal etwas ausprobiert werden soll, kann ein solcher kreativer Prozess bestimmt gut funktionieren. Wenn etwas völlig Neues versucht wird, und scheitert, dann können wir auch aus den Fehlern lernen.

Experimentelle Herangehensweisen sind überall dort angemessen, wo es keine erprobten Konzepte gibt oder bestehende Konzepte hinterfragt werden sollen, nicht dort, wo man sie einfach nur nicht kennt. So etwas ist unprofessionell, nicht experimentell.

3.2.7 Nutzenorientierung

„Wissensmanagement?" „Da brauchen wir ein Wiki" oder „Stellen Sie eine Kollaborationsplattform (oder Datenbank) hin, dann haben Sie ein Wissensmanagement". Vielleicht. Vielleicht nicht. Darüber kann keine Aussage getroffen werden, solange nicht bekannt ist, was der tatsächliche Bedarf ist, welche Art von Aufgaben und welche Art von Beschäftigten und Kundenkreis ein Unternehmen hat – und womit sich die Belegschaft tatsächlich herumschlägt.

Toolgetriebene Einführung ist der Hauptgrund für das Scheitern von Wissensmanagement-Initiativen.

Bei 50 Prozent (!) der gescheiterten Projekte im Erfolgsfaktoren-Forschungsprojekt war toolgetriebene Einführung eine der identifizierten Ursachen für das Scheitern (Mader 2019).

3.2.8 Integration in die allgemeinen Geschäftsprozesse

Solange Wissensmanagement-Tätigkeiten nicht vereinbart sind – entweder als Prozesse und Zuständigkeiten oder als fixes Commitment – solange sind sie der Beliebigkeit überlassen oder sollen „nebenbei mitgemacht" werden. Das Problem: „Nebenbei" findet nicht statt.

Viele Erinnerungen. Ermahnungen. Nichts.

Die Integration in die täglichen Abläufe und Prozesse etabliert Standards und Umsetzung.

3.2.9 Dranbleiben: Aktivitäten über lange Zeit durchhalten

> **Beispiel**
>
> Ein Meeting im April. Diskussion über einen neuen Teil des Organisationshandbuchs. Einer der Abteilungsleiter fragt in die Runde, wer diesen Abschnitt bereits umsetzen würde. Nur eine Person meldet sich. „Aber ich habe doch im Jänner gesagt, dass alle diesen Passus umsetzen sollten. Was

ist passiert? Nichts ist passiert!" Zufällig war ich bei diesem Meeting als Externe zu Gast. „Frau Mader kann uns bestimmt erklären, weshalb diesen Teil noch niemand implementiert hat." In der Tat ist das erklärbar: „Tatsächlich ist das so, weil Sie es nur einmal erwähnt haben. Die Mitarbeitenden erhalten täglich eine überbordende Flut an Informationen. Irgendetwas bleibt auf der Strecke. Sie könnten es häufiger erwähnen und damit priorisieren. Neues muss in die Organisation ‚einmassiert' werden. Wir haben 5, 10, 15 Jahre eingefahrene Gewohnheiten. Die verschwinden mit einer einmaligen Erwähnung nicht. Neues sollte immer wieder erinnert werden."

3.2.10 Der Aufwand sollte dem Effekt angemessen gegenüberstehen

Nutzen von Wissensmanagement-Initiativen, z. B. Effizienzgewinn, Zeitersparnis, Reputationsverbesserung, Qualitätsverbesserung etc., sollten dem Aufwand angemessen gegenüberstehen: Auch Kommunikation hat einen Return.

Tätigkeiten, die auch mittelfristig keinen Mehrwert bringen, werden von Mitarbeitenden sehr schnell erkannt. Ein Mehrwert muss wie gesagt keine Zeitersparnis sein. Reputation, Qualität u. v. m. sind genauso valide Kategorien. Leerer Aufwand ist allerdings grundsätzlich etwas, das wir abstellen sollten. Es gibt viele Tools, die sehr interessant sind. Leider arten manche in „Beschäftigungstherapie" aus, ohne auf irgendeine Weise Nutzen zu stiften, weil der Bedarf nicht von Beginn an geklärt und von diesem die Tool-Wahl abgeleitet wurde.

Nota bene: Freude kann auch Nutzen sein. Die Frage ist, ob man dafür ein Tool braucht.

3.2.11 Mitarbeiter stehen nicht in Konkurrenz

Beispiel

Bei einer großen Gewerkschaft in Europa. Wir werden zu einem Vortrag über Wissensmanagement geladen. Beide Fraktionen sind anwesend. Nach dem Kamingespräch werden wir zu den Möglichkeiten von Wissensmanagement in der Gewerkschaft befragt. „Wir schlagen vor, zwei Projekte zu etablieren, jede Fraktion mit ihrem eigenen Wissensmanagement. Einige wenige Dinge lassen sich bestimmt allgemein teilen – vor allem rechtliche Belange, oberstgerichtliche Entscheidungen etc. Allgemein: Öffentlich Zugängliches. Alles andere sollten die Fraktionen für sich selbst vorsehen."

„Aber ist das nicht ineffizient? Eine Organisation und zwei parallele Projekte?"

„Ja, das ist ineffizient. Meinen Sie, die Christdemokraten werden mit den Sozialdemokraten ihr Wissen teilen? Oder umgekehrt?"

„Okay, zwei Projekte."

Wir haben alle herzhaft gelacht. Es wurden zwei Projekte.

Verteilungs- und Ressourcenkonflikte können so wie persönliche Animositäten die Ursache von Konkurrenzsituationen sein. Gerade bei Ressourcenkonflikten ist zu berücksichtigen, dass diese auch deshalb auftreten, weil Führungskräfte und Mitarbeitende an bestimmten Leistungsparametern und Kennzahlen gemessen werden, diese aber nicht oder nur eingeschränkt erbringen können, wenn sie selbst oder ihre Mitarbeitenden laufend in Projekte anderer delegiert werden. Bei nicht erreichten Kennzahlen interessiert es nicht, ob die Mitarbeitenden dieser Abteilung die Hälfte der operativen Zeit in den Projekten anderer Bereiche verbrachten. Deshalb werden zuerst die eigenen Vorgaben erreicht, dann kommen die Interessen anderer Bereiche. Zurufe reichen hier nicht. Wissensteilung wird systemimmanent verhindert.

3.2.12 Quick Wins und überschaubare Vorhaben

Wissensmanagement-Projekte können auch daran scheitern, dass sie zu lange dauern, bevor Erfolge oder Ergebnisse sichtbar werden. Das bedeutet nicht, dass größere Projekte nicht unternommen werden können. Versuchen Sie gegebenenfalls, zuerst kleinere Erfolge und Effizienzgewinne zu lukrieren, und gehen erst dann gemeinsam an ein größeres Projekt.

Länger dauernde Aufbauarbeit lässt sich eventuell in kleinere Etappen und Meilensteine teilen, deren Fertigstellung separat gewürdigt wird.

3.3 Wie arbeiten wir mit Erfolgsfaktoren?

Alle hier präsentierten Erfolgsfaktoren werden mit dem Knowledge-Excellence-Vorgehensmodell eingelöst. Damit ist sichergestellt, dass Fehler anderer nicht wiederholt werden. Das Integrieren von Lehren aus der Vergangenheit trägt auch zur Reifung einer Disziplin bei.

Auch Best Practice kann als Inspiration dienen, als Vorbild, und als eine Möglichkeit, erfolgreiche Konzepte anderer für sich selbst zu nutzen. Aber Vorsicht! Berichte über gut gelungene Best Practices können naturgemäß nicht alle Aspekte abdecken, die tatsächlich zum Gelingen beitrugen. Es kann sein, dass eine begeisterte Projektleiterin in der Lage war, ein Team so mitzureißen, dass mit einer drittklassigen Software ein Riesen-Erfolg eingefahren wurde.

> Wir müssen vom Kopieren zum Kapieren kommen.
> August-Wilhelm Scheer (Pagel und Schrempp 2008)

Strategic Fit: Die strategische Passung
In seinem Klassiker „What is Strategy?" definierte Michael Porter (1996) strategische Passung: Konzepte, auch Best Practice, müssen auf die eigene Organisation angepasst werden.

Trade-offs: Was wir loslassen müssen

> Wir verbringen viel Zeit damit, Führungskräften beizubringen, was sie tun sollen, aber wir sagen ihnen nicht, womit sie aufhören sollen.
> Peter F. Drucker (Goldsmith 2020)

Key Points

- Warum Wissensmanagement? Die Bewältigung von Informationsflut, Unterbrechungskultur und Kommunikationsstress, Produktivitätsproblemen, und zu langsam umgesetzte Digitalisierung hemmen die Produktivität. Wissensmanagement kann bei genau diesen Szenarien helfen.
- Studien zu Erfolgsfaktoren zeigen, woran Wissensmanagement-Initiativen gelingen oder scheitern. Gebraucht wird z. B. die Unterstützung des Top-Managements, eine Abstimmung auf die Geschäftsstrategie, gemeinsame

Gestaltung der Maßnahmen, Systematik, Bedienen echter Bedarfe, Integration in die allgemeinen Geschäftsprozesse und – wenig verwunderlich – Durchhalten.
- Wie stellen wir nun sicher, alle kritischen Erfolgsfaktoren dieses Kapitels zu berücksichtigen? Diese Aufgabe hat das Knowledge-Excellence-Modell für Sie erledigt. Folgen Sie dem Vorgehen in Kap. 5, haben Sie alle kritischen Erfolgsfaktoren abgehakt!

Literatur

Ariely, D., Gneezy, U., Lowenstein, G., Mazar, N. Large Stakes and Big Mistakes. Federal Reserve Bank of Boston Working Paper Nr. 05-11, July 23, 2005.

Asana (2022) Globaler Bericht zur Anatomie der Arbeit 2022. Asana, Inc. San Francisco.

Berger, L., Fiolleau, K., MacTavish, C. (2019) I Know Something You Don't Know: The Effect of Relative Performance Information and Individual Performance Incentives on Knowledge Sharing. Journal of Management Accounting Research, 31 (2). 19–35. https://doi.org/10.2308/jmar-52152

Bergmann, F. (2019) New Work New Culture: Work we want and a culture that strengthens us. John Hunt Publishing. Alresford.

Bernaert, M., Poels, G. (2011) The Quest for Know-How, Know-Why, Know-What and Know-Who: Using KAOS for Enterprise Modelling. In: Salinesi C., Pastor O. (Hrsg.) Advanced Information Systems Engineering Workshops. CAiSE 2011. Lecture Notes in Business Information Processing. Vol. 83. 29–40.

Bowles, S. (2009) When Economic Incentives Backfire. Harvard Business Review, 87 (3). 22–23.

Clarke, A. J. (1999) Tupperware: the promise of plastic in 1950s America. Smithsonian, New York.

Cross, R., Carboni, I. (2020) When Collaboration Fails and How to Fix It. MIT Sloan Management Review, 8.12.2020. https://sloanreview.mit.edu/article/when-collaboration-fails-and-how-to-fix-it/

Deming, W. E. (2018) Out of the Crisis. Neuauflage. MIT Press. Cambridge, USA/MA.

Flynn, D. (2021) Designing Our Return to the Office: Steelcase shares its three-phased approach to bringing people and energy back to work. Fallstudie. Steelcase. Grand Rapids.

Gagné, M., Tian, A. W., Soo, C., Zhang, B., Ho, K. S. B., Hosszu, K. (2019) Different motivations for knowledge sharing and hiding: The role of motivating work design. Journal of Organizational Behavior, 2019 (40). 783–799. https://doi.org/10.1002/job.2364

Goldsmith, M. (2020) 20 Behaviors Even the Most Successful People Need to Stop. Corporate Learning Network. Online: https://www.corporatelearningnetwork.com/leadership/articles/20-behaviors-even-the-most-successful-people-need-to-stop-1

Gudreau, J. (2011) The Tupperware Effect, Empowering Women Around The World. Forbes, 14.2.2011. Online: https://www.forbes.com/sites/jennagoudreau/2011/02/14/the-tupperware-effect-empowering-women-around-the-world-rick-goings-jobs-hiring-employment/ (abgerufen: 10.5.2022).

Helm, R.; Meckl, R.; Sodeik, N. (2007) Systematisierung der Erfolgsfaktoren von Wissensmanagement auf Basis der bisherigen empirischen Forschung. ZfB Zeitschrift für Betriebswirtschaft, 77 (2). 211–241.

Herget, J. (2021) Digitale Unternehmenskultur: Strategien für die moderne Arbeitswelt. Springer Gabler. Wiesbaden.

Herget, J., Mader, I. (2008) Persönliches Informationsmanagement: Wege aus der täglichen Informationsflut. Konferenzband, KnowTech 2008. Frankfurt. 483–492.

Kohn, A. (2018) Punished by Rewards: The Trouble with Gold Stars, Incentive Plans, A's, Praise, and Other Bribes. Mariner Books. Boston.

Kritikos, A. S., Schiersch, A., Stiel, C. (2021) Produktivität ist bei den wissensintensiven Unternehmensdienstleistungen erheblich gesunken. DWI Wochenbericht 21/2021. DIW Deutsches Institut für Wirtschaftsforschung e.V. Berlin. https://www.diw.de/documents/publikationen/73/diw_01.c.818598.de/21-21-1.pdf

Lehner, F. (2008) KnowMetrix. Ein neuer Ansatz zur Erfolgsmessung im Wissensmanagement und erste Praxiserfahrungen. Konferenzband, KnowTech, Frankfurt/Main: 470–479.

Mader, I. (2022) Psychische Gesundheit und der Post-Covid Arbeitsplatz. Excellence Research. Wien.

Mader, I. (2019) Wissensmanagement: Vergleich, Validierung und Verdichtung von Erfolgsfaktoren. Whitepaper Nr. 5 (2019). Excellence Research. Wien.

Pagel, P., Schrempp, M. (2008) Paradigmenwechsel bieten große Chancen für neue Firmen. Business Technology, 3.08. 50–55.

Pega (2018) Demystifying the desktop: What workforce intelligence reveals about technology and employee productivity. Whitepaper. Pegasystems. Cambridge, MA/USA.

Porter, M. (1996) What is Strategy? Harvard Business Review, Nov./Dez. 1996, On-Point Artikel Einzelausgabe, Nr. 4134.

Rehman, N., Mahmood, A., Ibtasam, M., Murtaza, S. A., Iqbal, N., Molnár, E. (2021) The Psychology of Resistance to Change: The Antidotal Effect of Organizational Justice, Support and Leader-Member Exchange. Frontiers in Psychology, 12:678952. https://doi.org/10.3389/fpsyg.2021.678952

Starmind (2021) Productivity drain and the urgency of eliminating the endless search for answers. Starmind. Zürich.

Udemy (2018) 2018 Workplace Distraction Report. Whitepaper. Udemy, Inc. San Francisco.

4

Warum ein eigenes Framework?

Ziel dieses Buches ist, im Umgang mit Information und Wissen in Organisationen zu einem systematischen Zugang zu kommen, zu zielgerichteter und nutzenorientierter Methodenwahl und zu einer Abkehr von der Beliebigkeit wie bei toolgetriebenen Rollouts, die am tatsächlichen Bedarf vorbeigehen und Organisationen lähmen statt unterstützen.

Wissensmanagement ist eine Disziplin, die an Themen rührt, die Menschen in ihrer persönlichen Selbstwahrnehmung betreffen, in ihren Grundwerten und Bedürfnissen. Deshalb nutzt Wissensmanagement heute die Erkenntnisse einer Vielzahl von Disziplinen.

4.1 Theoretischer Bezugsrahmen

Das in diesem Buch vorgestellte Knowledge-Excellence-Modell stützt sich auf eine Reihe von Konzepten und Disziplinen, die in den bisherigen und folgenden Kapiteln im Detail ausgeführt, hier aber nicht wiederholt, sondern als Überblick zusammengeführt werden.

In zeitgemäßes Wissensmanagement fließen heute ein:

© Der/die Autor(en), exklusiv lizenziert an Springer-Verlag GmbH, DE, ein Teil von Springer Nature 2023
I. Mader, *Wissensmanagement erfolgreich umsetzen*, Beratung im Fokus,
https://doi.org/10.1007/978-3-662-66763-7_4

- Der aktuelle Stand von **Wissensmanagement**, der Informationswissenschaft und des **Informationsmanagements**
- **Empirisch validierte Erfolgsfaktoren** (Abschn. 3.2) für die Einführung und den betrieblichen Alltag von Wissensmanagement
- Aktuelle **psychologische und neurowissenschaftliche Konzepte** und Studien
- **Verhaltensökonomie**
- **Arbeitsmedizin** und **Arbeitsforschung**
- Empfehlungen aus dem empirisch validierten **Change-Management**
- Aktuelle **technologische Konzepte** von aktueller IT-Strategie bis zum Einsatz künstlicher Intelligenz
- Konzepte des allgemeinen **Management**s, der modernen **Führung**, des **integrierten Managements** (Abschn. 5.3) sowie Teildisziplinen, insbesondere modernes **Personalmanagement**

Die genannten Disziplinen und Forschungsgebiete beschäftigen sich einerseits mit der Erforschung der in Abschn. 3.1 behandelten Problemstellungen im Umgang mit Wissen in der Organisation und legen auch den (zugegeben breiten) Analysebereich für die Disziplin Wissensmanagement fest. Wissensarbeit so zu organisieren, dass sie optimal zum Unternehmenserfolg beitragen kann, bleibt weiterhin Interesse und dringender Bedarf der Praxis.

Was ist das Ziel des Knowledge-Excellence-Vorgehensmodells?
Wissensmanagement zielt auf Nutzenmaximierung, auf optimale Nutzung des in der Organisation verteilten Wissens und dessen Umsetzung in Produkte, Leistungen und Innovationen. Das Knowledge-Excellence-Modell unterstützt dieses Bestreben auf systematische Weise unter Einbeziehung des aktuellen Stands der Disziplin und der Forschung. Besondere Beachtung finden dabei aktuelle Konzepte, etwa der Vehaltensökonomie, die das Gelingen von Maßnahmen fördern.

4.2 Wissensmanagement heute

Nach vielen Jahren Entwicklungsgeschichte kann heute von der Reife der Disziplin ausgegangen werden, auch wenn in der Praxis immer noch viele laienhafte Zugänge zu finden sind. Das ist auch in anderen Fachthemen so beobachtbar. Zeitgemäßes Wissensmanagement geht von echten, festgestellten Bedarfen aus und wird durchgehend teambasiert geführt. Das in diesem Buch vorgestellte **Knowledge-Excellence-Vorgehensmodell** begleitet die professionelle Einführung und den laufenden Betrieb von Wissensmanagement.

Praxiserprobt: In weit über 100 Praxisprojekten in 15 Jahren erfolgreich angewendet
Das Knowledge-Excellence-Vorgehen wurde in der Praxis umfangreich getestet, und in über 100 Projekten und Initiativen erfolgreich eingesetzt. Darunter waren sowohl Erstprojekte als auch davor gescheiterte Projekte, die dann mit dem Knowledge-Excellence-Modell erfolgreich neu aufgesetzt wurden. Die zuvor gescheiterten Projekte bildeten die Grundlage für die Erfolgsfaktoren-Studie aus Abschn. 3.2.

Was macht das Knowledge-Excellence-Modell nun aus, was wird berücksichtigt?

Alignment: Abstimmung auf die Geschäftsstrategie
Durch die im Knowledge-Excellence-Vorgehen vorgesehene Abstimmung auf die Gesamtstrategie der Organisation können Wissensmanagement-Vorhaben (darstellen, in welcher Weise sie) die Ziele und Strategie der Organisation unterstützen. Damit wird jenes strategische Vorgehen erreicht, das typischerweise von der Geschäftsführung oder auch von Prüfinstanzen erwartet wird.

ISO-konform: Passend für die ISO 9001:2015 Zertifizierung
Die systematische und strukturierte Vorgehensweise des Knowledge-Excellence-Vorgehensmodells ist für Zertifizierungsaudits passend und stellt sicher, dass zertifizierte Organisationen den 2015 neu hinzugekommenen Wissensmanagement-Teil der ISO 9001:2015 systematisch abdecken können.

Agil: Inklusive Vorgehensweise bezieht Führungskräfte und Belegschaft mit ein
Die im Knowledge-Excellence-Modell vorgesehene, gemeinsame Vorgehensweise unter repräsentativer Einbeziehung aller betroffenen Bereiche sowie der Führung führt dazu, dass Maßnahmen einerseits mitgetragen werden und andererseits genau den von allen Beteiligten intendierten Zweck verfolgen.

Sicher: Berücksichtigt die Erfolgsfaktoren von Wissensmanagement
Die Vorgehensweise des Knowledge-Excellence-Modells erfüllt alle kritischen Erfolgsfaktoren von Wissensmanagement. Dadurch ist sichergestellt, dass bedarfsgerecht vorgegangen wird, dass Maßnahmen verstanden und mitgetragen werden und somit im betrieblichen Alltag ankommen – es werden also alle Anforderungen erfüllt, die an ein gelungenes Projekt gestellt werden.

Erfolgreich: Eine Fülle erfolgreich umgesetzter Projekte
Eine Reihe repräsentativer Fallbeispiele und Anwendungen des Knowledge-Excellence-Modells nebst der Awards für Kundenprojekte finden Sie unter **Best Practice: Living Cases**.

Als Nächstes gehen wir nun gemeinsam in die Umsetzung!

Key Points

- Wissensmanagement heute ist eine gereifte Disziplin, operiert heute auf der Basis empirisch validierter Erfolgsfaktoren.
- Disziplinen, die relevant zur Reife von Wissensmanagement beitrugen, sind u. a. die Informationswissenschaft und Informationsmanagement, natürlich Psychologie auf verschiedenste Weise, Verhaltensökonomie, Arbeitsmedizin und Arbeitsforschung, technologische Konzepte und natürlich die Managementwissenschaften und die Management-Praxis.
- Wissensmanagement heute ist praxiserprobt, auf die Geschäftsstrategie abgestimmt, ISO 9001-konform, agil (also von Führung und Belegschaft gemeinsam gestaltet), sicher (weil auf der Basis validierter Erfolgsfaktoren) und erfolgreich im Sinne dessen, dass Projekte gelingen und Initiativen den intendierten Nutzen stiften.

5

Knowledge Excellence: Vorgehen und Konzept

Die agile Vorgehensweise des Knowledge-Excellence-Modells bezieht Auftraggeber und Betroffene ein, wird konsequent in allen Phasen gemeinsam erarbeitet, unterstützt die Organisationsstrategie und stellt sicher, dass die entwickelten Lösungen dem Bedarf entsprechen und mitgetragen werden.

In den folgenden Kapiteln finden Sie die Anleitung zur Vorgehensweise in allen einzelnen Schritten. Hier zuerst der komplette Ablauf im Schnelldurchlauf:

1. **Auftrag** (Abschn. 5.2.1) der Führung sichern
2. **Kern-Team** (Abschn. 5.2.2) aus allen Bereichen zusammenstellen
3. **Briefing** (Abschn. 5.2.4) zu Wissensmanagement und/oder New Work
4. **Alignment** (Absch. 5.2.3) mit der Geschäftsstrategie: Self-Check und Tool-Selektion anpassen
5. **Self-Check** (Abschn. 5.2.5) im (erweiterten) Team durchführen: Bewertung durch Diskussion, nicht Mittelwert!
6. **Auswertung, Priorisierung und Zielformulierung** (Abschn. 5.2.6)
7. **Maßnahmen ableiten** mithilfe der **Tool-Selektionshilfe** (Abschn. 5.2.7)

© Der/die Autor(en), exklusiv lizenziert an Springer-Verlag GmbH, DE, ein Teil von Springer Nature 2023
I. Mader, *Wissensmanagement erfolgreich umsetzen*, Beratung im Fokus,
https://doi.org/10.1007/978-3-662-66763-7_5

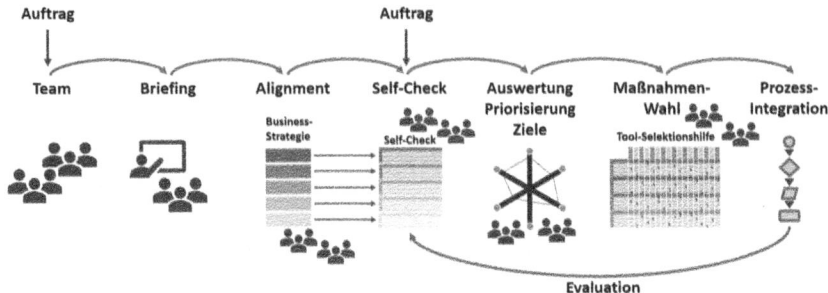

Abb. 5.1   Der Knowledge-Excellence-Prozess

8. **Umsetzung** und **Integration in Prozesse** (Abschn. 5.2.8)
9. **Evaluierung/Kennzahlen** (Abschn. 5.2.9) (über erneute Durchführung des Self-Checks nach einiger Zeit) (Abb. 5.1)

Genaue Anleitungen zu den einzelnen Prozessschritten finden Sie in Abschn. 5.3 **Praktische Umsetzung**. Davor folgt noch ein Hinweis für ISO 9001 zertifizierte Organisationen.

5.1   Ihr Wissensmanagement ist ISO 9001:2015 konform

Seit 2015 ist Wissensmanagement Bestandteil der ISO 9001:2015 und damit Pflicht für ISO zertifizierte Unternehmen. In den Punkten 7.1.6. Wissen der Organisation sowie 7.2. Kompetenz der geltenden ISO 9001 ist Wissensmanagement somit Bestandteil von Zertifizierungsaudits. Die Vorgehensweise des Knowledge-Excellence-Prozesses erfüllt die Zertifizierungsauflagen und ist gleichzeitig so flexibel, dass exakt auf den Bedarf abgestimmte Methoden gewählt werden können.

Organisationen und Unternehmen, die den Knowledge-Excellence-Prozess verwenden, wurden seitdem vielfach rezertifiziert und erhielten für ihre Knowledge-Excellence-Umsetzung ausnahmslos positive Rückmeldungen im Rahmen ihrer Audits. Den Knowledge-Excellence-Prozess gibt es seit 2008 (Mader und Herget 2008).

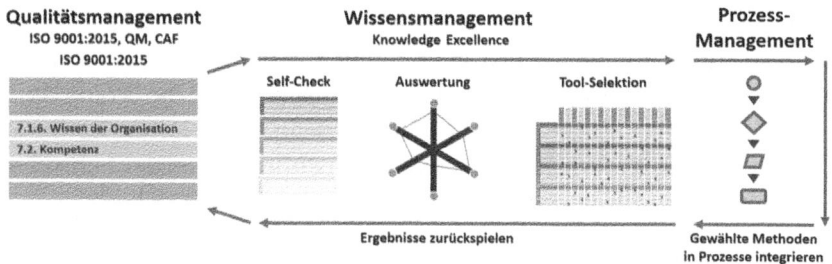

Abb. 5.2 Der Knowledge-Excellence-Prozess in der ISO 9001:2015

Zur Erfüllung der Wissensmanagement-Anforderungen in der ISO 9001:2015 und im Qualitätsmanagement (übrigens auch im CAF: Common Assessment Framework) wird der Knowledge-Excellence-Prozess durchlaufen, d. h. mittels Self-Checks werden Bedarfe festgestellt und priorisiert, Ziele zu diesen Bedarfen formuliert, Methoden mithilfe der Tool-Selektionshilfe gewählt, umgesetzt und in die Prozesse integriert – und dann die Dokumentation dazu in das Qualitätsmanagementsystem zurückgespielt.

Damit ist der Teilprozess für das Managementsystem Wissensmanagement (bis zum nächsten Audit-Intervall) abgeschlossen. (Abb. 5.2)

5.2 Praktische Umsetzung: Wie Sie vorgehen

Nun haben Sie sich in den ersten Kapiteln über die Disziplin, Herausforderungen und Hintergründe sowie über das Vorgehensmodell als Ganzes orientiert. Im Folgenden finden Sie nun Umsetzungshinweise zu den einzelnen Schritten. Es geht los!

5.2.1 Der Auftrag

Die Unterstützung des Top-Managements sichert Zeit und Budget (oder andere Ressourcen), die für das Gelingen von Projekten relevant sind (siehe Abschn. 3.2.1).

Manchmal sind Vorarbeiten nötig, um die Unterstützung der Geschäftsführung für ein Projekt zu gewinnen. Möglicherweise ist vorab auch Überzeugungsarbeit nötig. Dazu empfiehlt sich die Erarbeitung eines überzeugend formulierten **Pitchs** (Abschn. 6.23.1) für die Initiative, um sich die Unterstützung der Geschäftsführung und der Führungskräfte sowie deren Interesse am Gelingen des Projekts zu sichern.

5.2.2 Kern-Team und gemeinsame Projektentwicklung

Warum ein Kern-Team? Für den Kick-off einer Initiative oder eines Projektes zu Wissensmanagement oder New Work brauchen Sie Mitstreiterinnen und Mitstreiter. Diese gewinnen Sie aus den Bereichen, für die das Projekt später gelten soll. Wenn Ihre Organisation also fünf Abteilungen hat, dann brauchen Sie mindestens eine in ihrer Abteilung anerkannte Persönlichkeit in diesem Team. Damit wird der Erfolgsfaktor der gemeinsamen Gestaltung eingelöst (siehe Abschn. 3.2.5).

Mit diesem Team erledigen Sie im Idealfall alle nötigen Vorarbeiten, die vor dem offiziellen Projektstart zu berücksichtigen sind: das **Strategie-Alignment** (siehe nächstes Kapitel) sowie die Planung des **Kick-off-Workshops und des Team-Briefings** (Abschn. 5.2.4) (falls danach in einer größeren Gruppe weitergearbeitet werden soll).

Weitere spezielle Tipps dazu finden Sie in der Toolbox unter **Führungsaufgabe** (Abschn. 6.20).

5.2.3 Strategie-Alignment

Der Self-Check (siehe nächstes Kapitel) sollte auf die Geschäftsstrategie abgestimmt werden. Dieser Vorgang nennt sich **Alignment** (Abschn. 3.2.2). Mit Ihrem Kern-Team leiten Sie dazu Fragen zu Wissensmanagement aus den Elementen der Geschäftsstrategie ab – oder gruppieren die Fragen des Self-Checks in diesem Buch entsprechend um. Sowohl die Gruppierung der Fragen, die Zwischenüberschriften als auch die Fragen selbst stehen dabei zur Disposition.

Wenn die folgenden Strategie-Prinzipien grundsätzlich auf Ihre Organisation passen, können Sie ohne weitere Anpassungsarbeiten mit dem Self-Check aus diesem Buch direkt starten und das Alignment kann entfallen.

A. Kunden-Orientierung
B. Planvolle, strategische Vorgehensweise
C. Effizienzsteigerung und Erreichen hoher Produktivität
D. Lernen und Weiterentwicklung/Lernende Organisation
E. Nutzen von Digitalisierung zur Unterstützung der Geschäftsziele
F. Ressourcen-Schonung (Umwelt und Belegschaft, also auch Zeit, Belastungen)

Praxis-Tipp: Was tun, wenn es keine (bekannte) Strategie gibt?
Liegt keine Strategie vor, so gibt es vielleicht eine Liste an Zielen, die Sie heranziehen können. Das ist zwar keine Strategie, gibt aber immerhin eine Orientierung. Auch häufig als Strategie etikettiert ist eine Liste von Projekten, die Business Units vorhaben. Das ist auch keine Strategie, sondern eine Projekte-Liste. Daraus kann aber eine Richtung und Intention abgeleitet werden. Alternativ können Sie sich auch an die Handlungsmuster und Entscheidungen der Geschäftsführung anlehnen und an deren bekannte Präferenzen.

5.2.4 Der Kick-off und das Team-Briefing

Je nachdem, wie groß das Team geworden ist, wird der Kick-off entweder informell sein (bei kleinen Teams) oder mehr eine Art Workshop.
Empfohlener Ablauf:

1. **Den Auftrag (er)klären**
   Am Beginn eines Kick-off-Workshops wird erklärt, warum dieser Workshop stattfindet und was die Ziele sind (die je nach Umfeld durchaus zur Debatte stehen können).
2. **Das Team-Briefing**
   Um sicherzugehen, dass alle im Team mit dem gleichen Bild von aktuellem Wissensmanagement beginnen, startet ein gutes Projekt mit einem Briefing. Dieses Briefing bekommt sowohl das Kern-Team als auch ein allenfalls später erweitertes Team.

Wie macht man ein solches Briefing und welchen Inhalt soll es haben?

> **Wichtig**
>
> Ein gutes Briefing
>
> - generiert Interesse und macht neugierig auf das gemeinsame Erarbeiten von Lösungen,
> - adressiert die bekannten Pain Points: Mit welchen Problemen schlägt sich das Team herum? Wissensverlust durch Pensionierungen, Unterbrechungskultur, Informationsflut?,
> - erklärt an einem interessanten Beispiel den Unterschied zwischen Wissen und Information,
> - erklärt den Ablauf sowohl des Workshops als auch danach,
> - macht Spaß!

Wählen Sie Ihre Themen und Pain Points aus Abschn. 3.1 **Probleme im Umgang mit Wissen.**

Zeit Richtwert für das Briefing: maximal 10–20 Minuten Highlights – oder bis zu fünf Themen.

Praxis-Tipp Die Vorbereitung dieses Briefings, dessen Stil und Inhalt sind wesentlich mitentscheidend für den Erfolg des gesamten Vorhabens. Hier sollten alle überzeugt werden. Es sind kritische Fragen zu erwarten, auch weil Wissensmanagement eine wechselvolle – und nicht von Beginn an rühmliche – Geschichte hat. Es ist außerdem damit zu rechnen, dass es in der Organisation gescheite, kritische Geister gibt, die Aussagen hinterfragen werden. Deshalb sollte sichergestellt werden, dass das Format an dieser Stelle besonders stark, sicher, kompetent, ruhig und überzeugend wirkt.

Herausforderungen sollten immer als Erstes adressiert werden, niemals Konzepte oder Tools zuerst! Methoden und Tools kommen in einem ersten Briefing am besten nicht vor. Der Platz dafür ist erst viel später.

3. Moderiertes Plenum: individuelle Bedarfe abholen

Individuelle Bedarfe abholen (erst jetzt!): Je nach Gruppengröße kommen alle Teilnehmenden zu Wort oder Gruppensprecher berichten vom Bedarf und von den Herausforderungen ihres Teams oder Bereichs.

Praxis-Tipp Weshalb kommt die Vorstellungsrunde mit Bedarfen erst nach der Einführung? Das hat einen guten Grund: Ohne Einführung wird wenig bis nichts an konkreten Bedarfen berichtet. Um dem zuvorzukommen, sollte mit jenen Themen eingeführt werden, die Wissensmanagement von heute adressiert (die von allen Anwesenden erkannt werden). Hintergrundwissen aus den Kap. 2, 3 und 4 wird hier sehr dienlich sein. Mit einem Hintergrund zur Disziplin tun sich die Teilnehmenden viel leichter, ihre eigenen Bedarfe zu erkennen und einzubringen.

Die Ergebnisse dieser ersten Runde werden im Self-Check dokumentiert. Die Moderation notiert diese stichwortartig für alle Teilnehmenden am Beginn des Self-Checks. Alternativ können Ergebnisse auch auf einer Pinwand angebracht werden – oder eine andere kreative Gestaltung wird gewählt. Eine solche Runde darf durchaus länger dauern: mit 10 oder 12 Teilnehmenden kann das auch schon einmal eine Stunde in Anspruch nehmen. Je nach Organisationskultur kann bei größeren Gruppen vereinbart werden, dass aus Zeitgründen um eine kurze Schilderung gebeten wird.

Als Nächstes fahren Sie im Kick-off-Workshop fort mit den Punkten, die in der Folge einzeln dargestellt werden: Sie gehen gemeinsam den Self-Check durch, werten aus, priorisieren, wählen Methoden mit der Tool-Selektionshilfe und integrieren die Doings in die täglichen Prozesse. Nun geht es als Nächstes in medias res mit dem Self-Check.

5.2.5 Der Self-Check: Bedarfe systematisch feststellen

Mit dem in diesem Kapitel vorgestellten Fragenkatalog können Sie den Wissensmanagement Self-Check durchführen.

Klären Sie, für welchen Bereich der Self-Check durchgearbeitet werden soll

Soll der Self-Check für das ganze Unternehmen gelten oder nur für die Hauptgeschäftsstelle, für ein Team, eine Abteilung, den gesamten Konzern? Bei Bedarf kann der Self-Check ein weiteres Mal für ein Team durchgeführt werden, denn einzelne Bereiche können durchaus unterschiedliche Bedarfe haben. Alternativ können spezielle Bedarfe einzelner Bereiche, die vom gesamten Unternehmen abweichen, auch im Self-Check der gesamten Organisation notiert werden. Das Team der Personalentwicklung wird vielleicht andere Anforderungen haben als die Software-Entwicklung. Dennoch wird es auch Themen geben, die für alle und die gesamte Organisation gelten. Zu Beginn sollte deshalb festgelegt werden, für welchen Teilbereich die Bewertung durchgeführt wird, oder ob die Gesamtorganisation betrachtet wird.

Diskussion statt Mittelwert!

Ein Mittelwert über einzelne Bewertungen ist für eine Interpretation ungeeignet. Wenn eine Person mit dem höchsten Wert bewertet und eine andere mit dem niedrigsten Wert, dann ist das in der Diskussion eine wertvolle Information, als Mittelwert jedoch nichtssagend oder irreführend.

Der Wissensmanagement-Self-Check

Im Folgenden finden Sie verschiedene Statements zu Aspekten des Wissensmanagements. Diskutieren Sie im Team, welches der passende Wert zu jedem Statement ist.

Zu beachten: Eine geringe Punkteanzahl kann sowohl für schlecht geleistete Fragen stehen als auch für unbedeutende.
Eine mögliche Bewertungsskala – also der **Reifegrad** in Bezug auf jede Fragestellung:

1 = nicht erfüllt, nicht gegeben, nicht vorhanden, gar nicht, **nicht wichtig**

2 = initial vorhanden, Grundlagen vorhanden, wenig, **geringe Bedeutung**

3 = entwickelt, etabliert, **durchschnittlich**

4 = definiert, konsolidiert, integriert, **gut**

5 = gemanagt, gemeinsame Vision, **sehr gut**

6 = optimiert, strategisch weiterentwickelt, vollständig erfüllt, **exzellent**

Bedarfe der Bereiche *(in einer ersten Runde frei geäußert)*	Bewertung
I. *Hinweis: Gleichen Sie die hier notierten Bedarfe mit den Ergebnissen der anderen Punkte des Self-Checks ab.*	
II.	
III.	

A Wissensmanagement Ziele & Strategie	Bewertung
1. Wir haben deklarierte Wissensmanagement-Ziele und eine Wissensmanagement-Strategie.	
2. Wir wissen, wie unsere Wissensmanagement-Maßnahmen unsere Geschäftsziele unterstützen.	
3. Die Zuständigkeiten für verschiedene Wissensmanagement-Tätigkeiten sind klar bzw. geregelt.	
4. Für Wissensmanagement stehen Ressourcen zur Verfügung (Zeit, Rahmenbedingungen, Budget).	
5. Wissensmanagement-Methoden und Tools werden entsprechend dem Bedarf systematisch eingesetzt (keine toolgetriebene Einführung).	
6. Das Top-Management unterstützt Wissensmanagement.	

B Individuum, Kompetenz, Informationsverhalten	Bewertung
7. Mitarbeitende suchen vorrangig selbst nach Informationen, statt andere zu unterbrechen.	
8. Experten haben ihr Wissen geeignet verfügbar gemacht, sodass andere die wichtigsten Informationen selbsttätig auffinden können.	
9. Wir sind in Medien- und Recherchekompetenz geschult und können die Qualität von Suchergebnissen beurteilen.	
10. Informationen im Unternehmen (für interne und externe Zwecke) sind klar, verständlich, für die Zielgruppe passend aufbereitet und leicht auffindbar.	
11. Die Mitarbeitenden sind in zeitgemäßem Wissensmanagement trainiert.	
12. Erwerb und Aufbau von organisationskritischem Wissen dauert zu lange.	

C Wissensverlust, Produktivitätsverlust	Bewertung
13. Die Übertragung des impliziten Erfahrungswissens von Experten bei Stellenwechsel oder Pensionierung ist systematisch organisiert.	
14. Erfahrungen z. B. aus Projekten werden gesichert und sind verfügbar.	

C Wissensverlust, Produktivitätsverlust	Bewertung

15. Wir haben Rückfragen mit geeigneten Maßnahmen auf ein Minimum reduziert, um unsere internen Experten nicht mit Rückfragen lahmzulegen.
16. Im Büro ist konzentriertes Arbeiten möglich, ohne dass man alle paar Minuten unterbrochen wird.
17. Fehler werden offen und lösungsorientiert thematisiert und Prozesse angepasst, statt Schuldige zu suchen.
18. Der Zeitbedarf für die Suche nach betrieblichen Informationen ist angemessen.

D Kollaboration: Probleme in der Zusammenarbeit	Bewertung

19. Abteilungsübergreifende Zusammenarbeit verläuft kooperativ und engagiert, Abteilungen stehen nicht in Konkurrenz.
20. Projekte und Maßnahmen werden nach Möglichkeit gemeinsam entwickelt und von allen mitgetragen (alle Betroffenen intern und extern).
21. Informations- und Kommunikationsflüsse im Unternehmen funktionieren gut. Für Kommunikation gibt es eine vereinbarte Etikette.
22. Teams arbeiten in Präsenz, hybrid und über Distanz gut zusammen.
23. Einträge in den Kalendern von Mitarbeitenden werden respektiert, Termine werden abgestimmt und nicht einfach überschrieben.
24. Unsere Meeting-Kultur nutzt die Zeit der Anwesenden effizient.

E Wissensinfrastruktur, Technologie & Digitalisierung	Bewertung

25. Wir verfügen über adäquate und benutzerfreundliche IT-Werkzeuge für Wissensmanagement und Zusammenarbeit (inkl. Videokonferenzen).
26. Der Zugang zu relevanten Wissensbeständen/Datenbanken etc. von extern bzw. mobil ist einfach und schnell.
27. Alle Mitarbeitenden können mit den IT-Werkzeugen für Wissensmanagement gut umgehen.
28. Die Suchfunktionen der IT-Werkzeuge bringen passende Ergebnisse bzw. funktionieren gut.
29. Wir haben eine übersichtliche und gut abgestimmte Menge an Tools und IT-Werkzeugen im Einsatz und es ist klar, was wofür verwendet wird.
30. Personen werden durch IT-Werkzeuge/Algorithmen von einfacher, repetitiver Massenbearbeitung entlastet.

F	Management, Kultur und Gesundheit	Bewertung
31.	„Wissen ist Macht" gibt es bei uns nicht. Wissen wird bereitwillig geteilt.	
32.	Es herrscht Vertrauenskultur. Man muss sich nicht mit allem doppelt und dreifach absichern.	
33.	Informelle Kontakte und Gespräche sind erwünscht und finden statt.	
34.	Lernen und Weiterentwicklung wird aktiv angeboten und vorgesehen, Mitarbeitende nehmen die Angebote interessiert an.	
35.	Probleme können offen aufgezeigt und wertschätzend diskutiert werden.	

G.	Neues Arbeiten/New Work/Agilität	Bewertung
36.	Im Büro werden für verschiedene Tätigkeiten unterschiedliche Arbeitsbereiche angeboten, die Mitarbeitende flexibel nutzen können.	
37.	Mitarbeitende können flexibel im Büro oder im Home-Office arbeiten (sofern dies im Rahmen der Tätigkeit möglich ist).	
38.	Mitarbeitende können ihre Aufgaben und deren Erledigung im Wesentlichen selbststeuernd gestalten.	
39.	(Projekt-)Auftraggeber werden regelmäßig in die (Projekt-) Entwicklung einbezogen.	
40.	Wir achten aufeinander und auf Anzeichen sozialer Isolation oder sozialer Überlastung und auf Anzeichen von Depression oder Burnout an uns selbst und anderen und ergreifen passende Maßnahmen.	

Praxis-Tipp Manchmal kann es nötig sein, die Fragen anders zu formulieren (knapper, einfacher, wissenschaftlicher …). Nur zu! Lassen Sie einzelne Fragen weg oder ergänzen Sie. Passen Sie den Self-Check im Team an Ihre Organisation und deren Strategie an!

5.2.6 Auswertung, Priorisierung und Ziele

Ist der Self-Check einmal ausgefüllt, geht es im nächsten Schritt darum, in der Auswertung die wichtigsten Herausforderungen zu erkennen und diese zu priorisieren. Priorisierung empfiehlt sich deshalb, weil wahrscheinlich mehr als eine Herausforderung gefunden wird und wahrscheinlich nicht alle Themen auf einmal adressiert werden können. Schließlich werden noch Ziele gebraucht: Was soll in Bezug auf die gefundenen Herausforderungen erreicht werden?

5.2.6.1 Auswertung und Interpretation

Die einfachste Möglichkeit der Auswertung besteht darin, einfach die niedrigsten Werte zu identifizieren und damit zum nächsten Schritt der Priorisierung überzugehen.

Für bessere Übersicht (und Dramaturgie) eignen sich aber auch verschiedene grafische Darstellungsformen oder die Bewertung und Auswertung z. B. in Excel.

Je nach Bedarf können unterschiedliche Darstellungen gewählt werden. Radargrafiken sind hierbei eine häufig gewählte, übersichtliche Möglichkeit. (Abb. 5.3)

5.2.6.2 Priorisierung und Ziele

Warum priorisieren?
An sich kann man sieben Projekte gleichzeitig umsetzen. Vielleicht überfordern Sie damit aber das Team und die Organisation. Rollen Sie immer nur so viel aus, wie gut zu schaffen ist, gleichzeitig maximal zwei oder drei Initiativen erscheinen ratsam, vielleicht ist es aber auch nur eine.

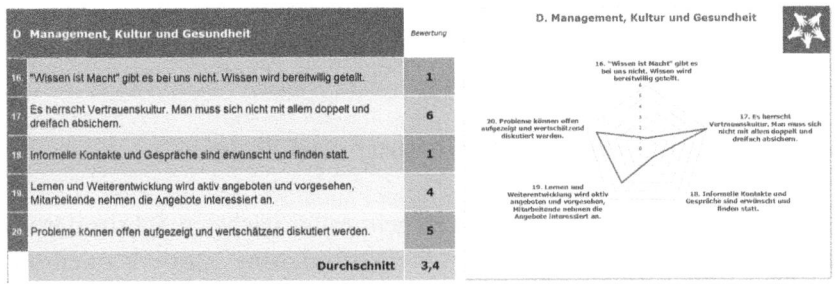

Abb. 5.3 Auswertung mit Radargrafik, Beispiel für den Teil D des New-Work-Self-Checks, einfach umzusetzen in Excel

Wie priorisieren?

Vereinbaren Sie, wonach priorisiert wird. Andernfalls bewertet jede/r nach Gutdünken. Das Ergebnis könnte daher auch beliebig sein. Entscheiden Sie gemeinsam, was gute Kriterien für die Priorisierung wären, z. B.

nach dem **Grad der Dringlichkeit,**
nach der **Machbarkeit** im Sinne auch von Quick Wins zuerst,
nach dem **Hebel,** den ein Projekt bringt (z. B. wie viel Zeit dadurch gewonnen werden kann).

5.2.6.3   Ziele zu den priorisierten Handlungsfeldern

Voreilige Methodenwahl ist einer der häufigsten Gründe für gescheiterte Projekte (siehe **Erfolgsfaktoren** (Abschn. 3.2)). Deshalb empfiehlt sich ein Zwischenschritt für die Definition von Zielen zu den identifizierten Handlungsfeldern. SMARTe Ziele[1] sind heute Standard, reichen aber häufig nicht aus. **Mittel-zum-Zweck-Ziele** helfen, zusätzlich den Sinn zu adressieren.

Ziele richtig formulieren: Was sind Mittel-zum-Zweck-Ziele?

Die Einführung eines First-Level-Supports ist kein gutes Ziel. Der Zweck muss das Ziel sein. Die Entlastung der Experten von massenhaften Rückfragen wäre ein gutes Ziel. Der First-Level-Support ist die Methode, mit der dieses Ziel erreicht werden soll. Unterscheiden wir Zweck (also das Ziel) und die Methode, mit der wir das Ziel erreichen wollen.

5.2.7   Erst jetzt! Methodenwahl mit Tool-Selektionshilfe & Toolbox

Die Tool-Selektionshilfe zeigt zu allen Fragen des Self-Check-Fragebogens jene Methoden an, die sich zum Bearbeiten des jeweiligen Bedarfs (oder Beheben des Problems) eignen. Eine Beschreibung und Anleitung zu den Methoden stehen in der **Toolbox** (Kap. 6) zur Verfügung.

---

[1] SMART steht für: **s**pezifisch, **m**essbar, **a**däquat, **r**ealistisch, **t**erminiert.

Die im ersten Teil des Self-Checks gesammelten, direkt geäußerten Bedarfe gleichen Sie am besten mit anderen Fragen des Self-Checks ab und lassen nur für jene Themen, die dort nicht vorkommen, in der Priorisierung mit abstimmen. Sollte ein solches Thema unter den priorisierten landen, suchen Sie am besten direkt in der Toolbox nach einer passenden Methode (Abb. 5.4).

5.2.8   Wie Wissensmanagement im Alltag ankommt: Integration in die Prozesse!

Nach abgeschlossener Methodenwahl folgt die Integration in das Prozessmanagement, um sicherzustellen, dass die Wissensmanagement-Prozesse auch in den allgemeinen Geschäftsprozessen ankommen und Teil des täglichen Betriebs werden. Alternativ können Sie auch Zuständigkeiten vereinbaren – je nachdem, wie Sie grundsätzlich arbeiten.

Die Übergabe eines Projektes in die Linie ist so ein Vorgang. An dieser Stelle ist festzulegen, wie die Zuständigkeiten im betrieblichen Alltag aussehen sollen.

Ein empfohlener Ablauf für die Praxis findet sich in Abb. 5.5.

5.2.9   Evaluierung und Kennzahlen: Ja, es gibt sie wirklich!

Kennzahlen werden oft nachgefragt, bei allen Managementsystemen, nicht nur bei Wissensmanagement oder New Work. Gefragt wird häufig, welche konkreten Einsparungen an Zeit oder Produktivität tatsächlich mit Wissensmanagement oder New Work erreicht wurden. Ziel von Kennzahlen ist das Feststellen der Wirtschaftlichkeit und auch, ob der intendierte Nutzen erreicht wurde bzw. ob der Ressourceneinsatz gerechtfertigt war.

Nun können wir mit Aufzeichnungen oder Reporting zu Werke gehen, werden aber mit einem neuen Berichtswesen möglicherweise mehr Arbeitszeit verschleißen als davor eingespart wurde.

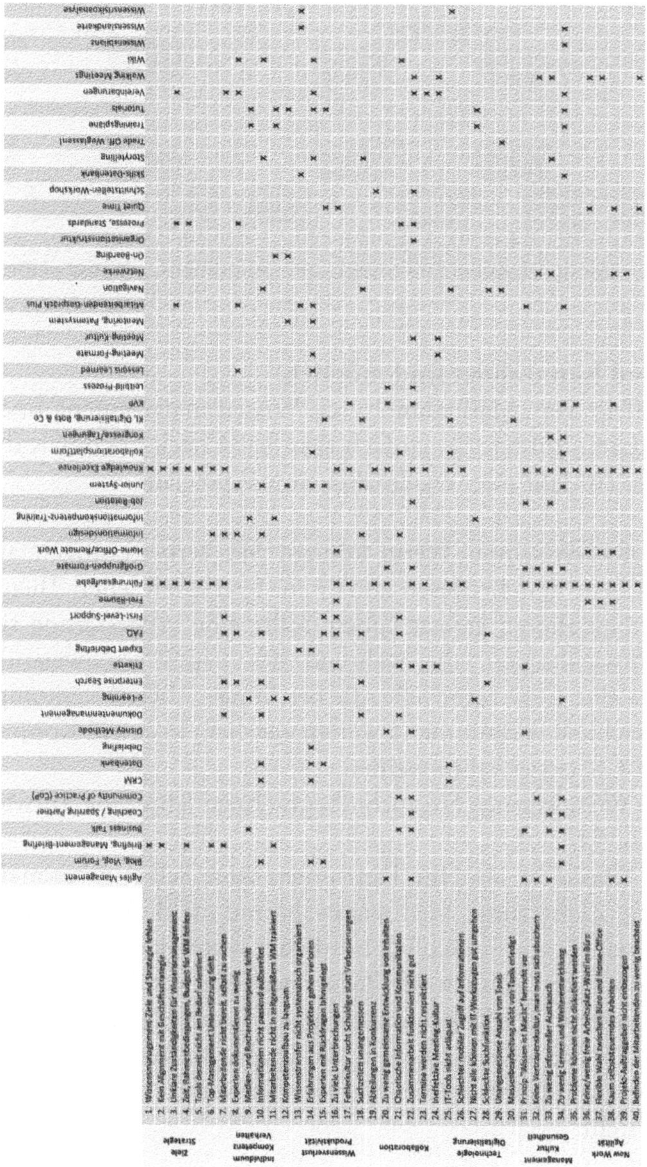

Abb. 5.4 Knowledge-Excellence-Tool-Selektionshilfe

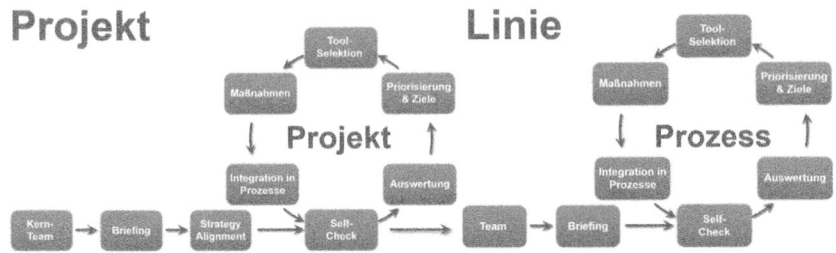

Abb. 5.5 Knowledge-Excellence-Projekt mit Alignment, in der Linie ohne Alignment

Messung und Kennzahlen sind möglich!

Um den Effekt von Maßnahmen aus Wissensmanagement und New Work zu messen, führen Sie einfach den Self-Check nochmals durch – etwa nach einem Jahr oder regelmäßig einmal pro Jahr.

Anhand der erreichten Werte können Sie Verbesserungen ablesen, ohne laufend ein Berichtswesen zu fahren. Speziell in jenen Themen, in denen Sie Maßnahmen gesetzt haben, sollte eine Verbesserung sichtbar werden. Entwicklungen, die während des Jahres erschwerend dazu kamen, etwa eine Gesetzesnovelle, die bestimmte Abläufe verkompliziert (das soll tatsächlich vorkommen), sollten vielleicht in einem Kommentarfeld des Self-Checks erwähnt werden.

Auf diese Weise können Sie auch über mehrere Jahre eine Entwicklung ablesen (Abb. 5.6).

Der Self-Check ist also Ihr Instrument zum Selbst-Assessment, zur Priorisierung, Zielsetzung, Methodenwahl und die Basis für Kennzahlen über jene Themen, die tatsächlich bearbeitet wurden.

Weitere Metriken können bei Bedarf generiert werden, etwa Zugriffe im Intranet oder in der Kollaborationsplattform etc. Stellen Sie bei allen Kennzahlen, bevor Sie sie erheben, die Frage, ob der Aufwand der Erhebung in einem angemessenen und gesunden Verhältnis zur gewonnenen Erkenntnis steht.

Wissensmanagement Reifegrad

Kategorie	Reifegrad Ziel 2023	Reifegrad IST 2022	Reifegrad IST 2021
A. Strategie & Ziele	4	4	4
B. Individuum, Kompetenz, Informationsverhalten	3	1	1
C. Wissensverlust, Produktivitätsverlust	3	2	2
D. Kollaboration & Zusammenarbeitskultur	3,5	3	3
E. Wissensinfrastruktur, Technologie & Digitalisierung	3	3	2
F. Management, Kultur und Gesundheit	3	2,5	2,5
G. Neues Arbeiten / New Work / Agilität	4	3,5	3

Abb. 5.6 Beispiel für eine mehrjährige Übersicht zu den Ergebnissen des Self-Checks und somit zum Reifegrad des Wissensmanagements

5.3 Integriertes Management: Knowledge Excellence als Teil der INTEGRATED MANAGEMENT EXCELLENCE

Vielfach ist beklagt worden, dass Managementsysteme in Organisationen nebeneinander existieren, von verschiedenen Personen getrieben werden und nur marginal aufeinander abgestimmt sind. Wenn nun mehrere Managementsysteme in einer Organisation relevant sind, etwa Qualitätsmanagement, Prozessmanagement, Risikomanagement, Wissensmanagement, Gesundheitsmanagement u. v. m., dann wird die Einhaltung zu einem aufwendigen Unterfangen.

Deshalb empfiehlt es sich, Systeme nach einem einheitlichen Modell aufzustellen. Selbst wenn einzelne Managementsysteme bereits mit Self-Checks, Checklisten oder Audit-Systemen arbeiten, so folgen sie oft nicht der gleichen Bewertungslogik, sind unterschiedlich aufgebaut usw. Im Laufe der Zeit entsteht dabei ein gewisser „Wildwuchs".

Managementsysteme sind inzwischen gereift und optimiert worden, sodass eine neue Abstimmung der Managementsysteme aufeinander möglich wird. **Integrated Management Excellence**, das **integrierte Managementsystem**, das die Einzelsysteme einheitlich führt und verbindet, wird in Abb. 5.7 dargestellt.

Integriertes Management:
Integrated Management Excellence System

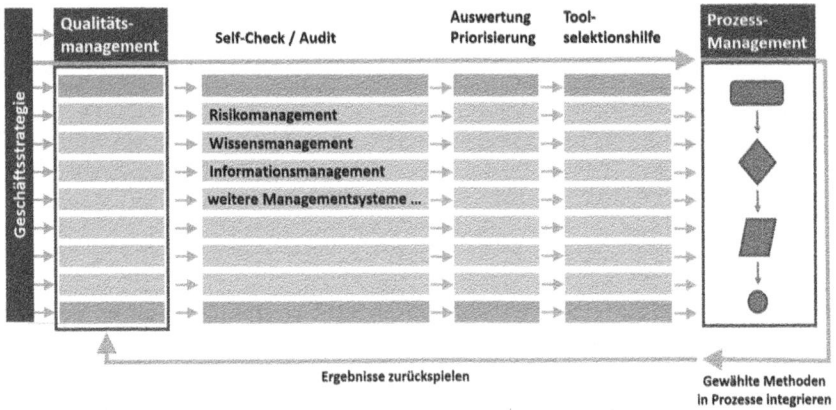

Abb. 5.7   Der Integrated-Management-Excellence-Prozess

Integrierte Managementsysteme werden heute nicht mehr einer (zentralen) Stelle untergeordnet. Es werden auch keine „Leitsysteme" definiert, weil dadurch nur Streit und Konkurrenz entstehen – also das Gegenteil des angestrebten Ziels.

Vielmehr arbeiten die Domänen-Experten verschiedener Managementsysteme auf Augenhöhe zusammen und treiben die Integration und Harmonisierung gemeinsam voran. Dabei werden etwa Bewertungssystematiken harmonisiert oder die Darstellung für alle neu gestaltet und einheitlich festgelegt.

Der Knowledge-Excellence-Prozess ist damit einer von vielen Teilprozessen der **Integrated-Management-Excellence**-Systematik. In allen Fällen werden die Managementsysteme zwischen Qualitätsmanagement und Prozessmanagement aufgehängt. Die folgende Grafik illustriert das Vorgehen.

Aus der Integrated Management Excellence Reihe liegen bereits vor: Culture Excellence (Herget und Mader 2018), Knowledge Excellence (Mader und Herget 2008, 2014a, 2016) und Integrated Management Excellence (Mader und Herget 2014b). Derzeit in Arbeit sind Risk Excellence und Health Excellence.

Key Points

- Wenn Wissensmanagement in der Praxis ankommen soll, dann muss es darstellen können, in welcher Weise es in die Geschäftsstrategie hineinarbeitet. Dieses sogenannte „Alignment" kann hergestellt werden, indem mit den Fragen des Self-Checks auf die Strategie Bezug genommen wird.
- Um das Interesse an Wissensmanagement zu wecken, werden in Gesprächen, Briefings oder Meetings genau jene Punkte adressiert, die mit hoher Wahrscheinlichkeit als Bedarf bekannt sind und alle nerven: Unterbrechungskultur, Informationsflut, Suchzeiten, Probleme bei der Urlaubsvertretung und bei Pensionierungen etc. Wissensmanagement wird mitgetragen, wenn die Inhalte gemeinsam erarbeitet werden. Was Beteiligte mitgestalten, werden sie mittragen. Akzeptanzprobleme können so vermieden werden.
- Mit einem Self-Check, der entlang der Geschäftsstrategie Bedarfe feststellt und systematisch Lösungen ableitet, wird sichergestellt, dass echter Nutzen entsteht.

Literatur

Herget, J., Mader, I. (2018) CultureExcellence: Das Unternehmenskultur-Audit – ein Werkzeug zur systematischen Bestimmung der Unternehmenskultur. https://doi.org/10.1007/978-3-658-18565-7_12. In: Herget, J., Strobl, H. (Hrsg.) Unternehmenskultur in der Praxis. Springer Gabler. Wiesbaden. 197–206.

Mader, I.; Herget J. (2016) KnowledgeExcellence: Strategisches, bedarfsorientiertes, community-getriebenes Wissensmanagement in Abstimmung auf die ISO 9001:2015. Whitepaper. Excellence Edition Nr. 5, 10/2016.

Mader, I.; Herget J. (2014a) KnowledgeExcellence: Strategisches, bedarfsorientiertes Wissensmanagement. Whitepaper. Excellence Edition Nr. 1, 11/2014.

Mader, I.; Herget J. (2008) InfoMap – Ein Meta-Instrument zur Evaluation des Informationsmanagements. Konferenzbeitrag, DGI Online Conference, Frankfurt, 2009.

Mader, I.; Herget J. (2014b) Integrated Management Excellence: Ein strategisches Vorgehensmodell zur integrierten Vorgehensweise von Managementsystemen. Whitepaper. Excellence Edition Nr. 2, 11/2014.

6

Die Toolbox

Diese Toolbox enthält Methoden und Tools, aus denen Sie entsprechend Ihrer Self-Check-Ergebnisse und mithilfe der Tool-Selektionshilfe gemeinsam wählen können. Natürlich lädt eine Toolbox auch zum Schmökern ein. Das direkte Auswählen von Tools birgt jedoch immer die Gefahr, dass wir am Bedarf vorbeigehen oder verabsäumen, Betroffene in die Auswahl einzubeziehen und ihre Unterstützung zu gewinnen.

Sie finden in dieser Toolbox Methoden aus verschiedenen Domänen, nicht nur aus dem Wissensmanagement oder aus New Work, sondern auch beispielsweise aus dem Prozessmanagement, Projektmanagement oder dem Kommunikationsmanagement. Das bedeutet nicht, dass Methoden anderer Domänen vereinnahmt werden, sondern dass praktikable Methoden für verschiedene Einsatzzwecke anwendbar sein können.

Die Methoden in dieser Toolbox sind eine Auswahl und keine erschöpfende Liste.

Instrumente und Methoden für Fortgeschrittene sind extra gekennzeichnet.

© Der/die Autor(en), exklusiv lizenziert an Springer-Verlag GmbH, DE, ein Teil von Springer Nature 2023
I. Mader, *Wissensmanagement erfolgreich umsetzen*, Beratung im Fokus, https://doi.org/10.1007/978-3-662-66763-7_6

6.1   Der Quick-Check für Eilige

Die nachfolgende Einteilung dient zur raschen Übersicht über die Methoden, die sich für einzelne Herausforderungen als mögliche Lösung anbieten, gereiht nach Relevanz für das jeweilige Thema. Die erwähnten Tools und Methoden schlagen Sie danach im alphabetischen Register nach. Wählen Sie aus den angebotenen Tools – aber nicht zu viele, allenfalls überhaupt nur eines. Wissensmanagement wird nicht durch die Anzahl an Tools besser, sondern durch bessere Passung. Die Buchstaben A bis G beziehen sich auf die Abschnitte des Self-Checks (Abschn. 5.2.5).

Praxis-Tipp Diese Übersicht eignet sich auch für eine klickbare, digitale Umsetzung im Intranet (Abb. 6.1).

Weiter geht es nun mit der Toolbox in alphabetischer Reihenfolge.

6.2   Agiles Management

Der zentrale Mehrwert von agilem Management liegt in

* Ergebnissen statt Streitigkeiten bei der Abnahme,
* Produktivitätsgewinnen.

„Agilität" meint hier allerdings nur indirekt seinen eigenen Wortsinn: Es geht bei Agilität nicht darum, einfach schneller zu arbeiten. Konkret werden mit agilem Management jene Fallstricke ausgeschaltet, die Produktivität von Teams beschädigen.

Klassisches Management erteilt einen Auftrag, Teams setzen den Auftrag um. Danach wird über die Interpretation des Auftrags gestritten und lang dauernde, teure Korrekturarbeiten und Eskalationen fallen an.

Agiles Management bezieht die Auftraggeber in regelmäßigen Abständen ein. Dazwischen können die Teams in Ruhe abarbeiten. Dieser iterative Prozess stellt sicher, dass laufend Entscheidungen getroffen und Änderungen vorgenommen werden können – und schließlich das Endergebnis genau das ist, was die Auftraggeber wollten.

Ziele & Strategie	Kompetenz & Verhalten	Wissensverlust & Produktivität
Führungsaufgabe	Informationskompetenz	Expert-Debriefing
Knowledge Excellence	(Management-)Briefing	Wissensrisikoanalyse
(Management-)Briefing	Führungsaufgabe	Quiet Time
Mitarbeitenden-Gespräch +	Vereinbarungen	Home-Office/Remote Work
Prozesse, Standards	Business Talk	FAQ
Vereinbarungen	FAQ	Junior-System
Informationsdesign	Informationsdesign	Führungsaufgabe
	First-Level-Support	Frei-Räume
	Junior-System	Mentoring, Paten-Systeme
	Knowledge Excellence	Tutorials
	Mentoring, Paten-Systeme	Skills-Datenbank
	Mitarbeitenden-Gespräch +	Wissenslandkarte
	Navigation	Kollaborationsplattform
	Blogs, Podcasts, Foren	Lessons Learned
	Storytelling	Mitarbeitenden-Gespräch +
	CRM	Künstliche Intelligenz/Bots
	Dokumentenmanagement	Blogs, Podcasts, Foren
	e-Learning	Informationsdesign
	Enterprise Search	Storytelling
	Lessons Learned	CRM
	On-Bording	Vereinbarungen
	Prozesse, Standards	Navigation
	Trainingspläne	Debriefing
	Tutorials	Dokumentenmanagement
	Wiki	Enterprise Search
	Datenbank	Etikette
		Knowledge Excellence
		KVP
		Meeting-Formate
		Wiki
		Datenbank

Abb. 6.1   A–L Quick-Check-Struktur

Kollaboration	Technologie & Digitalisierung	Kultur & Gesundheit
Agiles Management	Informationskompetenz	Führungsaufgabe
Etikette	e-Learning	Etikette
Führungsaufgabe	Enterprise Search	Agiles Management
Vereinbarungen	Führungsaufgabe	Vereinbarungen
Meeting-Kultur	Künstliche Intelligenz/Bots	Netzwerke
Schnittstellen-Workshop	CRM	Walking-Meetings
Disney-Methode	Datenbank	Coaching/Sparring Partner
Großgruppen-Formate	Knowledge Excellence	Knowledge Excellence
Business Talk	Kollaborationsplattform	Mitarbeitenden-Gespräch +
Community of Practice	Navigation	Business Talk
Knowledge Excellence	Trade-Offs	KVP
KVP	FAQ	(Management-)Briefing
FAQ	Trainingspläne	Storytelling
First-Level-Support	Tutorials	Blogs, Podcasts, Foren
Coaching/Sparring Partner		Community of Practice
Leitbild-Prozess		Disney-Methode
Walking-Meetings		e-Learning
Dokumentenmanagement		Großgruppen-Formate
Informationsdesign		Junior-System
Job-Rotation		Job-Rotation
Kollaborationsplattform		Kollaborationsplattform
Meeting-Formate		Kongresse/Tagungen
Organisationsstruktur		Skills-Datenbank
Prozesse, Standards		Trainingspläne
Wiki		Tutorials

Abb. 6.1   (Fortsetzung)

New Work	Info-Flut Überlastung	Rückfragen reduzieren
Agiles Management	Quiet Time	FAQ
Führungsaufgabe	FAQ	First-Level-Support
Frei-Räume	Home-Office/Remote Work	Künstliche Intelligenz/Bots
Home-Office/Remote Work	Junior-System	Informationsdesign
Netzwerke	Führungsaufgabe	Storytelling
Knowledge Excellence	Frei-Räume	Navigation
Walking-Meetings	Tutorials	Tutorials
KVP	Kollaborationsplattform	Führungsaufgabe
	Künstliche Intelligenz/Bots	CRM
	Informationsdesign	Dokumentenmanagement
	Navigation	Enterprise Search
	Dokumentenmanagement	Wiki
	Enterprise Search	Datenbank
	Etikette	
	Knowledge Excellence	
	Meeting-Formate	

Abb. 6.1   (Fortsetzung)

Kommunikation verbessern	Dokumentation Suchzeiten	Netzwerke Communities
Führungsaufgabe	Dokumentenmanagement	Netzwerke
Knowledge Excellence	FAQ	Community of Practice
Agiles Management	Datenbank	Business Talk
Walking-Meetings	First-Level-Support	Knowledge Excellence
Mitarbeitenden-Gespräch +	Künstliche Intelligenz/Bots	Walking-Meetings
Storytelling	Informationsdesign	Großgruppen-Formate
Vereinbarungen	Navigation	Mentoring, Paten-Systeme
Meeting-Kultur	Tutorials	
Schnittstellen-Workshop	CRM	
Disney-Methode	Enterprise Search	
Großgruppen-Formate	Wiki	
Business Talk		
Community of Practice		
Job-Rotation		
Mentoring, Paten-Systeme		

Abb. 6.1 (Fortsetzung)

Nachteil: Es kann kein genauer Preis vorweg vereinbart werden, weil Auftraggeber im Verlauf des Prozesses ihre Meinung ändern können. Es empfiehlt sich deshalb, Maximalkosten zu vereinbaren. Dass es bei klassisch geplanten Projekten keine Kostenüberschreitung gäbe, bleibt eine Illusion: Nacharbeiten, Korrekturen, bezahlte Änderungen, verschobene Termine, Eskalationen.

Das Abarbeiten der jeweiligen Aufträge geschieht in Etappen (auch: Sprints) bis zum nächsten Meeting mit dem Auftraggeber. Dazwischen wird nichts vorgereiht, vorgezogen, eingeschoben. Damit wird verhindert, dass während der Phasen des Abarbeitens ständig unterbrochen wird. Für Dinge, die „schnell mal zwischendurch" erledigt werden müssen, werden im agilen Management Personen abgestellt. Die anderen arbeiten ungestört.

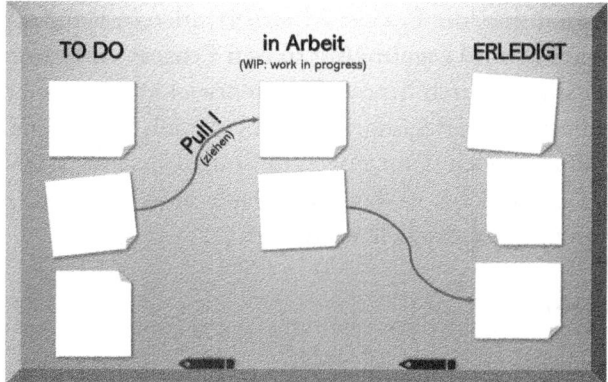

Abb. 6.2 Ein Kanban Board

Klassische bzw. bekannte agile Management-Methoden sind z. B. Scrum oder Kanban. Agiles Management geht allerdings weiter: Statt einer „Methoden-Hörigkeit" werden jene Elemente kombiniert, die für die jeweilige Aufgabe am besten geeignet sind. Man kommt zu einer Methoden-Kompetenz, das bedeutet, dass wir verschiedene Methoden kennen und jene einsetzen, die für die anstehende Aufgabe am besten geeignet ist (Abb. 6.2).

Ein Grundprinzip des agilen Managements lautet: gemeinsam mit Respekt für die Konzentration der anderen.

Die Tafel in Abb. 6.2 zeigt schematisch die Arbeit mit einem Kanban Bord: Die Bearbeiter ziehen aktiv von den bestehenden Tasks erst dann, wenn ein anderer Task abgearbeitet ist.

Prinzipien

„Work in progress":
Maximal zwei Aufgaben werden gleichzeitig von einer Person abgearbeitet. Dadurch werden das Vorreihen und Überhäufen und das Lahmlegen von Experten durch ständige Unterbrechungen vermieden und eine Disziplin im Umgang mit der Zeit anderer trainiert.
Aufträge können nur während Meetings vorgereiht werden.

Dazwischen lässt man die Projekt-Mitarbeitenden in Ruhe arbeiten. **Die Auftraggeber sind regelmäßig in den Prozess einbezogen.** Auftraggeber sind dadurch für die Weiterentwicklung mitverantwortlich. Eine der zentralen Überlegungen stammt daraus, dass Staus dann entstehen, wenn zu viele Fahrzeuge auf einmal in eine Straße drängen. Wird die Last entzerrt, so kann auf Dauer eine höhere Kapazität aufgenommen und abgewickelt werden.

Vorgehensweise

1. **Der Auftrag wird eindeutig geklärt und beschrieben, aber nicht in umfangreichen Pflichtenheften ausformuliert.**
   In der Praxis zeigte sich, dass Pflichtenhefte oftmals von Auftraggebern und Auftragnehmern ganz unterschiedlich interpretiert werden, was zu teuren und aufwendigen Streitereien und Mängelbehebungen, Rückforderungen oder Nachforderungen und Missstimmung führt.
2. **Zerlegung des Auftrages in sogenannte Sprints**
   Eine grobe Planung der Reihenfolge von Arbeiten wird vorgenommen. Diese wird im Laufe der Erarbeitung laufend angepasst und mit den Auftraggebern abgestimmt. Daher:
3. **Regelmäßige Meetings mit Auftraggebern**
   In regelmäßigen (zu definierenden) Intervallen werden Besprechungen abgehalten und die Ergebnisse, die seit dem letzten Meeting (in den sog. Sprints) erledigt wurden.
4. **Festlegung der weiteren Sprints**
   Die Länge der einzelnen Sprints wird am Beginn des Projektes festgelegt.

6.3 Blog, Vlog/Podcast, Forum

Blogs sind Online-„Tagebücher", mit denen einzelne oder mehrere Fachexperten Inhalte und Fachwissen teilen oder in denen Teams sich zu Themen ihrer Arbeit austauschen. Blog ist die Abkürzung für die ursprüngliche Bezeichnung Web-Log (ein Online-Logbuch), Vlog wird für Video-basierte Blogs verwendet und Podcasts bieten Inhalte zum Zuhören meist ohne Video, die über spezialisierte Plattformen wie Spotify, Apple Podcasts, Google Podcasts, aber auch YouTube publiziert werden.

Blogs sind je nach Unternehmenskultur entweder sehr oder gar nicht erfolgreich. Beurteilen Sie die Zielgruppe, bevor Sie einen Blog starten und entscheiden Sie im Team.

Für Blogs gibt es spezialisierte Software, die inzwischen so verbreitet ist, dass Blogs auf den meisten Firmenwebseiten, Intranets oder Portalen einfach eingerichtet werden können.

Der Weg zur Umsetzung
1. Abgrenzung der Inhalte: Was ist Inhalt – was nicht, Netikette, wie werden Fragen gestellt?
2. Aufsetzen des Blogs (rechtliche, IT- und Kommunikationsstandards des Unternehmens beachten!)

Team-Blog als Kommunikationsinstrument
Team-Blogs können Teammitglieder für interne Kommunikation verwenden und/oder für die Information einer bestimmten Zielgruppe, für die ein Team einen Blog gemeinsam gestaltet.

Emotional schwierige Themen eignen sich meist nicht für Blogs und sind meist in Präsenzmeetings besser aufgehoben.

Experten-Blog
Einzelne Experten verfassen zu relevanten Themenstellungen oder zu häufig bzw. aktuell an sie gestellten Fragestellungen informative Beiträge. Der Vorteil dabei ist, dass die Inhalte durch die Schriftform suchbar werden und Wissensträger sukzessive von wiederkehrenden Rückfragen entlasten.

Forum (Online-Foren)
Nutzer diskutieren Fachthemen und Fachfragen in Foren. Typischerweise wird eine Frage gestellt und andere Nutzer werden um Hilfe gebeten. Diese können darauf antworten und weitere Hinweise geben. Foren können durch die gegenseitige Hilfe in einer Fachcommunity den Aufwand für Helpdesks wesentlich reduzieren helfen. Bei großen Communities bzw. Anwenderkreisen reduziert dies auch die Wartezeit auf eine Antwort.

Foren sind dort besonders erfolgreich, wo ein wirklicher Bedarf an individuellen Antworten besteht, die mit FAQs nicht abgebildet werden können, weil sie zu speziell sind.

Ein beeindruckendes Beispiel ist die **SAP Community** (Abschn. 6.7.1).

6.4   Briefing/Management Briefing

In einen Workshop zu einem neuen Thema, etwa New Work oder Wissensmanagement, zu gehen, ohne davor die Teilnehmer über das Thema so zu briefen, dass ein aktueller Überblick über das jeweilige Thema geschaffen wird, führt dazu, dass sich die Teilnehmer meist ihre eigenen, naturgemäß laienhaften Vorstellungen machen – und das sind zumeist jene, die zu Beginn der jeweiligen Disziplin vorherrschten oder die sie aus (leider häufig qualitativ schlechten) Online-Beiträgen oder Büchern ziehen.

Sie würden also praktisch bei so einem Workshop mit dem Status des Wissensmanagements der frühen 1990er-Jahre anfangen und bei New Work vielleicht mit unseligen Mythen, die bis heute darüber im Umlauf sind.

Ein Briefing brauchen oft auch Führungskräfte oder die Geschäftsführung.

Mehr dazu finden Sie im Abschnitt **Kick-off und Team-Briefing** (Abschn. 5.2.4).

6.5   Business Talk

Das Format des Business Talks (der in der IT-Abteilung der Stadt Wien erfunden wurde) dient dazu, aktuelle und interessante Inhalte breit im Unternehmen (oder Team, Abteilung …) verfügbar zu machen, Expertinnen und Experten vor den Vorhang zu holen und gleichzeitig die Möglichkeit der Vernetzung im Unternehmen anzubieten (Horta et al. 2018). Das Format ist unter unterschiedlichen Bezeichnungen vielfach im Praxiseinsatz.

Nach einem kurzen Fachinput (von internen oder externen Vortragenden) wird die Möglichkeit für Fragen und Diskussion geboten sowie im Anschluss ein informeller Teil vorgesehen.

Ziele

* Interne Wissensträger vor den Vorhang holen
* Vernetzungsmöglichkeit, Vertrauensbildung
* Kommunikationsinstrument für aktuelle und Querschnittsthemen
* Externe Expertise in konsumierbarer Menge ins Haus holen
* Vernetzung mit externen Experten (vgl. Horta et al. 2018)

Es empfiehlt sich, den Input mit 15 bis 20 Minuten zu begrenzen und danach zu einer Diskussion überzugehen. Die Teilnehmendenzahl schwankt zwischen unterschiedlichen Organisationen stark: manche geben die Anzahl völlig frei, andere beschränken sich auf eine arbeitsfähige Gruppe um die 20 bis 30 Personen, um die Diskussion persönlicher zu machen als das in einer Großgruppe von beispielsweise 80 oder 100 Personen möglich wäre.

6.6 Coaching oder Sparring-Partner

für Fortgeschrittene

Coaching ist eine lösungsorientierte Beratung im beruflichen Kontext. Bei Coaching Sessions geht es meist um aktuelle oder generelle Herausforderungen, wobei Coaches das Erarbeiten der Lösung begleiten. Coaching wird von ausgebildeten Coaches durchgeführt und kann von Einzelnen oder von Teams wahrgenommen werden.

Coaches bieten den Coachees fundierte Methoden an, die für den Lösungsweg geeignet sein können.

Coaching kann nicht „verordnet" werden, sondern funktioniert am besten, wenn die Beratenen einen Sparring-Partner mit Methodenkompetenz und Außensicht suchen. Häufig kommen Führungskräfte in den Genuss von Coaching. In den USA ist Coaching inzwischen eine Institution, die einen klaren Vorteil im Berufsalltag verschafft. In Europa ist Coaching noch nicht in diesem Ausmaß angekommen, wird aber auch zunehmend als Wertschätzung des Unternehmens für die anspruchsvollen Aufgaben von Führungskräften gewährt.

6.7   Communities of Practice (CoP)

Communities of Practice sind Erfahrungsaustauschgruppen oder Wissensgemeinschaften. Sie beschäftigen sich mit dem Austausch von Wissen und Information in Gruppen von Experten oder Anwendern zu ausgewählten Themen aus einem gemeinsamen Fachgebiet.

Treffen von Communities of Practice dienen der Diskussion und Weiterentwicklung von Fachthemen, der Vernetzung von Experten, der Erarbeitung von Empfehlungen u. v. m.

CoPs können in den genannten Bereichen indirekt einen Beitrag und Mehrwert für die Organisation erbringen und Einzelne in ihrem „Job" unterstützen.

Netzwerke und Communities aufbauen und nutzen – aber wie?
Eine Community aufzubauen, gelingt bei Beachtung einiger Grundsätze zumeist. Eine Community, deren Mitglieder sie mit Leben erfüllen, zu erhalten und zu erweitern, hängt noch zusätzlich davon ab, ob dauerhaft Zeit investiert wird, ob Inhalte interessant sind, und ob der Beitrag aller angemessen geehrt wird und alle den Eindruck haben, dass sie von der Gemeinschaft profitieren.

6.7.1   Wie Communities entstehen

Communities entstehen am besten auf natürliche Weise. Eine Frage müssen alle Communities beantworten: Was ist der Zweck der Community? **Communities beschäftigen sich nur mit echten Themen. Die Community um der Community willen wird scheitern.**

SAP Community

Von einer Handvoll SAP-Schnittstellen-Programmierern als SAP Developer Network gegründet, um sich mit anderen Kollegen weltweit zu kniffligen Lösungen zu Schnittstellen-Programmierung auszutauschen. Das Forum wuchs in kurzer Zeit auf Millionen Nutzer mit einer durchschnittlichen Antwortzeit von 18 Minuten auf eine gepostete Frage weltweit. Schließlich entschloss sich SAP, diese Community auf den Seiten der SAP zu hosten und

großzügig zu unterstützen, weil sich die Hotline von SAP Unmengen von Anfragen ersparte. Die technische Hotline der SAP war zu diesem Zeitpunkt bereits Mitglied dieses Forums und nutzte es zum Austausch.
Ende 2022 hatte die SAP Community über 3 Millionen Mitglieder, 287.000 Zugriffe pro Tag, verfügte über einen Blog, Community Events, Tutorials u. v. m.
Link: https://community.sap.com/

Entstehen aus einem Projekt

Abb. 6.3 zeigt, wie Sie bei Rollouts in weiteren Business Units oder weiteren Konzernunternehmen auf natürliche Weise neue Community-Mitglieder rekrutieren können.

6.7.2 Wie Communities fortbestehen

Eine Community ist ein langfristiges Commitment. Wir können nicht eine Community aufbauen und dann sechs Monate nicht da sein. Communities sind keine Selbstläufer. Wenn sich niemand um einen Raum, Termine und Themen kümmert, dann gibt es die Community nicht. In manchen Communities wechselt diese Aufgabe, in anderen gibt es ein Kernteam.

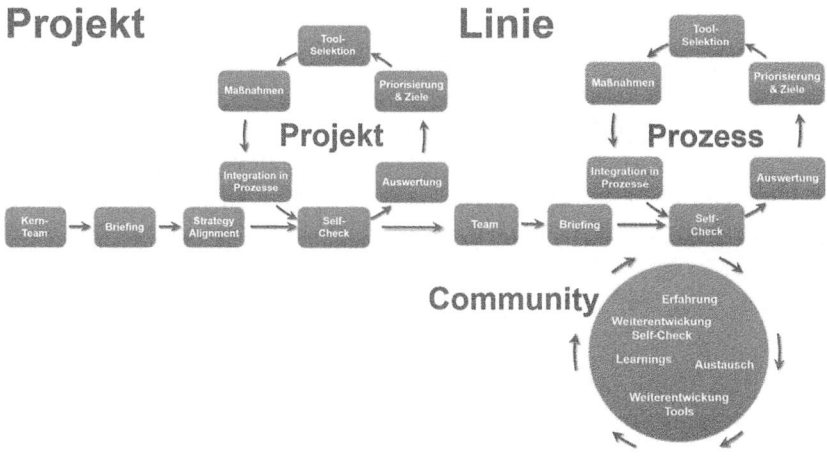

Abb. 6.3 Communities können auch aus Rollouts entstehen

6.7.3   Wie Organisationen und Communities blühen: Systemische Prinzipien

Communities arbeiten für eine Sache zusammen, um Inhalte voranzutreiben, um sich auszutauschen, um zu lernen. Ein delikates Gleichgewicht von Wertschätzung, Beitrag und Zusammenhalt lässt Communities blühen, gestörtes Gleichgewicht führt zum Scheitern.

Sehen wir uns die Prinzipien einmal im Überblick an (Daimler et al. 2007; Gaudart und Herget 2018).

Grundprinzip 1: Anerkennung und Würdigung des Beitrags
Auf diesem Grundprinzip basieren alle weiteren Prinzipien.

Communities erarbeiten Inhalte gemeinsam. Allen (!), die mitgewirkt haben, gebührt daher angemessene Anerkennung und Würdigung.

Prinzip 2: Geben und Nehmen im Ausgleich
Übermäßiges Nehmen (z. B. Vorteile, Informationen, Kontakte), ohne angemessen zurückzugeben, wird Community oder Zusammenarbeit scheitern lassen – oder jene Mitglieder ausscheiden, die nur einseitig konsumieren.

Übermäßiges Geben, beispielsweise in Form von Geschenken, die weit über das Erhaltene hinausgehen, wird ebenfalls die Zusammenarbeit trüben, weil die solcherart Beschenkten den Eindruck haben, sie würden für freiwilligen Austausch „bezahlt".

In manchen nationalen Traditionen gibt es auch eine sogenannte „Gefälligkeiten-Bank". In diese wird mit Gefälligkeiten „eingezahlt", um später eine Gefälligkeit zurückzuverlangen. Viele lehnen deshalb ungebetene Gefallen oder Geschenke ab, weil sie in der „Gefälligkeiten-Bank" nicht ins Defizit geraten wollen.

Prinzip 3: Recht auf Zugehörigkeit
Zu Organisationen gehören alle Mitglieder, auch ehemalige. Dieses Recht wird nur durch schwere Vergehen wie etwa Betrug verwirkt.

Prinzip 4: Vorrang des Früheren vor dem Späteren (Anerkennung der zeitlichen Reihenfolge)
Bei angemessener Ehrung des Beitrags kann meist eine gütliche Einigung gefunden werden, sodass eine später hinzugekommene Person vorgezogen werden kann, ohne dass das gedeihliche Miteinander beschädigt wird. Der Verlust der übergangenen Person muss auf eine Weise ausgeglichen werden, die für die übergangene Person relevant ist.

Prinzip 5: Vorrang des höheren Einsatzes für das Ganze
Besonders hoher Einsatz sollte besonders gewürdigt werden. Außergewöhnlicher Einsatz, als selbstverständlich hingenommen, wird in Zukunft ausbleiben und prägt Organisationskultur: Der Vorgang wird von anderen Mitgliedern der Organisation beobachtet und verbreitet die implizite Botschaft: „Leistung und Einsatz zählen hier nicht."

Prinzip 6: Vorrang von höheren Leistungen und Fähigkeiten
Der Beitrag aller ist angemessen zu ehren. Die Betonung liegt auf „angemessen", das häufig mit „gleichartig" verwechselt wird. Beiträge sollten entsprechend der Bedeutung geehrt werden. Dieses Prinzip gilt auch in Teams und scheint manchmal schwierig einzuhalten zu sein (Gaudart und Herget 2018).

In vielen Organisationen der vielleicht fatalste Fehler: Manche Menschen haben ein Talent, Spitzenleistungen abzuliefern und ihre Teams zu Spitzenleistungen zu coachen, ohne dass bemerkt und gewürdigt wird, wodurch diese Erfolge zustande kommen. Ignoranz führt oft dazu, dass diese Spitzen-Performer kündigen.

> **Beispiel**
>
> Bei einem Navy-Seal-Leadership-Training wurden Ruderboot-Teams und Coaches zufällig kombiniert, trainierten und traten dann in wiederholten Wettkämpfen gegeneinander an. Dann wurden die Coaches der besten und schlechtesten Teams gegeneinander ausgetauscht. Die Teams blieben gleich. Wieder trainierten alle und das bisher notorisch letztplatzierte Team, das jetzt von dem Trainer des bisherigen Gewinner-Teams gecoacht wurde, gewann auch in den folgenden Rennen. Das bisherige Sieger-Team war immer noch gut und belegte Platz 2. Es wurde also klar, dass hier ein herausragender Coach am Werke war und die Qualität von Leadership zentral für den Erfolg ist (Willink und Babin 2017).

Prinzip 7: Vorrang der Überlebensbasis
Tätigkeiten oder Vorgänge, die unmittelbar für das Überleben oder den
Fortbestand der Organisation (des Systems) wichtig sind, gehen vor.

6.8 CRM (Customer Relationship Management)

Customer Relationship Management [deutsch (weniger gebräuchlich):
Kundenbeziehungsmanagement] ist ein betrieblicher Vorgang und bezeichnet auch eine Art von Software zur Unterstützung des Kundenbe-
ziehungsmanagements.

Dabei werden Informationen über Kunden systematisch abgespeichert,
sodass alle Mitarbeitenden mit passenden Zugriffsrechten auf die Informationen zugreifen können. Alle Vorgänge in Bezug auf diesen Kunden
werden in einem CRM systematisch verzeichnet: die Art des Vertrages,
gekaufte Produkte und Dienstleistungen, Telefonate, Reklamationen, Vereinbarungen etc.

Dies macht Vertretung leichter und ermöglicht verschiedenen Abteilungen oder Führungskräften, den aktuellen Status eines Kunden-
kontos einzusehen, zu beauskunften usw.

6.9 Datenbank

für Fortgeschrittene

Datenbanken bereiten Inhalte systematisch auf. Die Schwierigkeit liegt
nicht darin, eine Datenbank mit Inhalten zu füllen. Das gelingt mit etwas
Planung und fachkundiger Unterstützung. Der Erfolg, den eine gut gemachte Datenbank in der Praxis hat, nämlich Personal von Rückfragen
zu entlasten und Suchzeiten zu reduzieren, wird darüber entschieden, ob
es gelingt, die Nutzer in die Anwendung zu bringen.

Die Realität gescheiterter Datenbank-Projekte
1. Datenbank aufbauen. 2. Kollegen wegen der Nicht-Nutzung ermahnen. 3. Ärgern.

Die Realität erfolgreicher Datenbank-Projekte
1. Bedarfe und Commitment abholen. 2. Datenbank gemeinsam (!) aufbauen. 3. Nutzung in die Organisation „einmassieren". Gutes Gelingen!

6.10 Debriefing

Debriefings sind systematische Abschlussbesprechungen nach Projektende. Es handelt sich dabei um strukturierte Nachbetrachtungen, die beispielsweise dem Ziehen von **Lessons Learned** (Abschn. 6.32) dienen.

Bei Debriefings können Erfahrungen, Erfolgsfaktoren und Fehler diskutiert, zusammengefasst und in konsumierbarer Menge dokumentiert werden.

Zusätzliche Vorteile

* Debriefings tragen üblicherweise zum Gruppenzusammenhalt und Teambuilding bei.
* Darüber hinaus entsteht ein Gefühl der Entschleunigung, wenn man nicht von einem zum nächsten Projekt eilt. Es ist auch eine gute Gelegenheit für Dank und Lob.

> **Wichtig**
>
> **Suchen Sie Verbesserungen, nicht Schuldige!**
> Statt Schuldige zu identifizieren, suchen Sie Verbesserungen z. B. von Prozessen, um die Wiederholung von Fehlern zu verhindern. Fehler werden oft nicht berichtet, wenn die Gefahr negativer Konsequenzen besteht.
> **Erfolgsfaktor:**
> Das Sammeln und Dokumentieren von Debriefing-Ergebnissen ist nur dann sinnvoll, wenn gleichzeitig ein Prozess etabliert wird, dass die Debriefing-Ergebnisse (oder **Lessons Learned** (Abschn. 6.32)) früherer, vergleichbarer Projekte zur Planung neuer Projekte herangezogen werden.

6.11   Disney-Methode

„Schwierige" Menschen spielen – egal weshalb sie als schwierig gelten – eine zentrale Rolle in Organisationen, die sehr produktiv genutzt werden kann. Die sogenannte **Disney-Methode** folgt der Idee dreier Brüder. Der Erfinder der Methode, Robert Dilts (2017), verwendete zur Illustration Walt Disney und unterstellte drei Brüder: Der erste Bruder ist kreativ und hat viele Ideen, der zweite ist Realist, und fragt, ob wir uns das alles leisten können und wer das umsetzt. Der dritte Bruder gibt den Kritiker, der alles in Frage stellt: „Mit so etwas beschäftigen wir uns in der Arbeitszeit?"

Die kritischsten Persönlichkeiten laden Sie in die Gruppe der Kritiker ein. Die Kreativen und die Rationalisten präsentieren ihre Ergebnisse den Kritikern. Die Kreativen und die Realisten verbessern daraufhin ihre Präsentation und arbeiten die Feedbacks ein. Die zweite Präsentation ist dann zumeist rüttelfest.

Auf diese Weise können kritische Geister fruchtbar zum Vorteil des Ganzen mitwirken. Sie haben das Projekt gerade besser gemacht.

6.12   Dokumentenmanagement

für Fortgeschrittene

Dokumentenmanagement bezeichnet das systematische Archivieren von Dokumenten, Unterlagen, Dateien – unter Einhaltung von rechtlichen und geschäftlichen Vorgaben.

Je nach Größe des Bereichs und Art der Tätigkeiten bedient sich Dokumentenmanagement spezieller Software (Dokumentenmanagementsysteme, kurz: DMS) oder erarbeitet Strukturen, mit denen die bestehenden Ablagen verbessert werden.

Dokumentenmanagement ohne spezielle Softwareunterstützung durch DMS berücksichtigt folgende Grundsätze:

- Einbeziehen von Referenznutzern, mit denen gemeinsam eine neue Struktur erarbeitet wird. Dieser Schritt ist wichtig für die Akzeptanz:

Information ist proprietär, d. h. Dateien „gehören" jemandem: „mein Excel". „Einsam" erarbeitete Strukturen setzen sich meist nicht durch bzw. werden boykottiert.

- Möglichst flache Ablagehierarchien.
- Keine Dubletten! Beispiel: QM-Handbuch einmal am Server und einmal im Wiki hochgeladen. Das zweite Mal bitte nur mehr mit Link auf das Originaldokument.
- **Dateinamen-Konvention** (auch: Dateinamen-Nomenklatur) festlegen: Das ist eine Systematik, wie Dateien benannt werden sollen, z. B. Projektname_Bezeichnung_Autor_Datum (Datumsformat?) etc. statt Dateiname_final4.doc (haben Sie die auch?)
- Festlegen von **Zuständigkeiten** für Review-Intervalle bzw. Bereinigung veralteter Inhalte.

Compliance

Im Rahmen der Compliance sind möglicherweise rechtliche Rahmenbedingungen zu berücksichtigen, wie die buchhalterische Aufbewahrungspflicht oder für US-börsennotierte Unternehmen der **Sarbanes Oxley Act**: Bei einer Prüfung der Börsenaufsicht ist zu einem Geschäftsvorgang die gesamte Dokumentation auf Verlangen vorzulegen inklusive der dazu gehörenden E-Mail-Korrespondenz etc.

Dokumentenmanagement Software (DMS)

Ein typisches Merkmal von DMS sind die klar definierten Prozesse, die (automatische) Beschlagwortung und das (automatische) Zuordnen zu Sachbearbeitern. Dokumentenmanagement hat eine Zugriffsrechteverwaltung und basiert auf einem Aktenplan/Ablageplan. Prozesse (etwa Freigaben) können mit automatisierten Workflows hinterlegt werden. Die Nachverfolgbarkeit von Dokumenten wird dadurch vereinfacht. DMS speichern immer nur eine Version eines Dokumentes. Vorläuferversionen sind wieder herstellbar.

Die Einführung einer DMS ist eine nicht zu unterschätzende logistische Leistung. Zu klären ist hierbei auch, wie viel des bestehenden analogen Aktenstandes retrodigitalisiert werden soll und wie viel der bestehenden elektronischen Ablagen (gemeinsamer Server etc.) migriert werden soll.

6.13   e-Learning

E-Learning ist multimedial digital unterstütztes Distanzlernen. e-Learning-Angebote sind nicht notwendigerweise interaktiv, sondern kommen durchaus auch als eine einfache Aneinanderreihung von Videos und digitalen Begleitmaterialien vor.

Bei Lerneinheiten zeigt sich, dass aneinandergereihte, kleine „Wissens-Nuggets" bessere Lernerfolge bringen als lange.

Varianten
* **Synchrones e-Learning**: Lernende arbeiten die Inhalte gleichzeitig durch bzw. werden online von einem Tutor begleitet, etwa im Rahmen einer Videokonferenz
* **Asynchrones e-Learning**: Lernende lernen zeitunabhängig individuell.

Blended Learning
Hierbei handelt es sich um eine Kombination von e-Learning und Präsenzlehrveranstaltungen.

Simulatoren
Simulatoren eignen sich vor allem für Trainings zur Bedienung von Maschinen, Fluggerät usw.

Digitale Lern-Spiele
Anhand eines konkreten Fallbeispiels wird ein Computerspiel erstellt, mit dem die Lernenden in einer Mikroumwelt verschiedene Möglichkeiten durchspielen.

Kollaborationsinstrumente (Auswahl)
Dazu gehören: Abstimmung, Stimmungsbarometer, Fragen-Moderation: Mentimeter.com, Slido.com

Whiteboard: Whiteboard von MS Teams, WhiteboardFox.com, miro.com

Online-Plattformen
Auf Qualitätsplattformen wie EdX.com, coursera.com, futurelearn.com bieten Universitäten wie etwa Harvard, Yale, ETH Zürich etc. Online-Kurse und MOOCs (Massive Open Online Courses) zu einer Fülle von Themen bis hin zu ganzen Studien.

6.14   Enterprise Search

Zur Beschleunigung des Suchvorgangs mit Selektionsmöglichkeit der durchsuchten Quellen empfiehlt sich eine Enterprise Search Engine (eine firmeninterne Suchmaschine). Wie eine Suchmaschine im Internet indiziert dieses System jene Quellen, an denen das Unternehmen Information gespeichert hat, vom standardmäßigen gemeinsamen Laufwerk über Intranet, Plattformen wie Sharepoint oder Liferay, spezifische, individuell definierbare externe Quellen wie etwa Blogs u. v. m. Die von dieser internen Suchmaschine durchsuchten Quellen werden von der Enterprise Search danach besser und deutlich schneller gefunden als von standardmäßigen Suchfunktionen.

Enterprise-Search-Anbieter
IBM Watson Discovery, Microsoft Discovery und Azure Search, iFinder (Intrafind.de; semantische Suche), Elasticsearch, SearchUnify, SiteSearch360 u. v. m. Manche Anbieter passen nicht immer zur Sicherheitsarchitektur, z. B. Google.

Achten Sie bei der Auswahl darauf, ob es sich um eine hinter der Firewall installierte Software handelt (Fachbegriff: On Premise) und auch, welche Dateitypen gefunden und angezeigt werden können (variiert stark). Fehlertolerante bzw. semantische Suche wäre ein Bonus (Tippfehler werden ignoriert, Suche nach ähnlichen Begriffen kann aktiviert werden).

6.15 Etikette

Beispiel

Bei einer Wissensmanagement-Konferenz.
Nach meinem Vortrag tritt ein Manager, Herr Nick (Name verändert), an mich heran.
„Vielleicht können Sie mir in einer persönlichen Angelegenheit einen Rat geben."
Gerne.
„Also, mein Sohn ist 17 Jahre alt und wenn ich ihn anrufe, dann hebt er prinzipiell nicht ab. Wenn ich ihm dann eine Nachricht schreibe, dann schreibt er sofort zurück. Das heißt, er hat meinen Anruf gesehen, aber nicht abgehoben. An sich ist er ein feiner junger Mann. Aber das mit dem Telefonieren funktioniert nicht. Haben Sie da eine Idee dazu?"
„Ihr Sohn ist zu einer Zeit aufgewachsen, in der Smartphones in vielen Haushalten bereits Standard waren. Er kann deshalb einschätzen, wie lange welcher Vorgang dauert. Er rechnet deshalb damit, wenn sie ihn anrufen, dass das ca. fünf Minuten dauert: „Hallo! Wie geht's dir?" „Was machst du denn gerade?" „Du, ich komme heute gegen 19 Uhr zurück. Dann können wir über dein Projekt sprechen." Ist das zeitlich etwa zutreffend?"
„Ja, das wird hinkommen."
„Nun geht der Junior intuitiv davon aus, dass eine Textnachricht nur einen Bruchteil dieser Zeit in Anspruch nimmt. ‚Ich komme heute erst gegen 19 Uhr, dann können wir über dein Projekt sprechen. OK?' Antwort: ‚OK.' Aufwand für beide Beteiligten zusammen: unter 30 Sekunden. Das berechnet der Junior nicht aktiv. Das ist ein Reflex, der generationenbedingt durch Gewöhnung antrainiert ist. Sonst würden junge Leute in der Informationsflut völlig untergehen. Für wichtige Gespräche können Sie einen Zeitpunkt für einen Anruf vereinbaren."
„Ich verstehe. Sie meinen, ich soll mich auf Nachrichten umgewöhnen."
„Das wäre eine Möglichkeit."
Einige Monate später die nächste Wissensmanagement-Konferenz. Es erscheint Herr Nick. Nach der Veranstaltung beim Networking:
„Frau Mader, ich wollte Ihnen erzählen, wie es mit meinem Sohn weitergegangen ist."
„Ich bin gespannt."
„Also, ich habe die gesamte Chat-Sprache gelernt und Ihr Rat hat funktioniert. Wir haben per Nachricht einen Telefontermin vereinbart und das hat geklappt. Wissen Sie, was mein Sohn aber gesagt hat? Papa, könntest du dich bitte einer Sprache bedienen, die deinem Alter angemessen ist?"
Die anwesende Runde lachte befreit.
Herr Nick hat auch diesen Rat seines Sohnes noch beherzigt und bestätigte, dass die Kommunikation in der Familie jetzt bestens funktioniert.

Wie kann eine neue Etikette aussehen?
Aus der gerade erzählten Geschichte sehen wir, dass die Zugänge zu Information und Kommunikation variieren und kein Konsens darüber besteht, welche Etikette gilt. Einfach anrufen? Oder einen Telefontermin vereinbaren, um sicherzugehen, dass sich beide Zeit nehmen können?

Die folgenden beiden (nicht ganz ernst gemeinten) Abb. 6.4 und 6.5 dienen zur Inspiration und Diskussion über die Etikette.

Unterbrechungskultur-Alternativen
- **Telefon-Termin vereinbaren statt einfach anzurufen**
  Versuchen Sie es mit einem SMS: „Hast Du heute irgendwann 5 Minuten Zeit? Ich würde dich gerne zu XX etwas fragen."
- **Das Recht auf Konzentrationszeiten: Quiet Time**
  Nein, wir müssen uns nicht komplett wegsperren. Niemand braucht 8 Stunden Konzentrationszeit pro Tag. Vielleicht reicht eine Stunde alle zwei Tage.

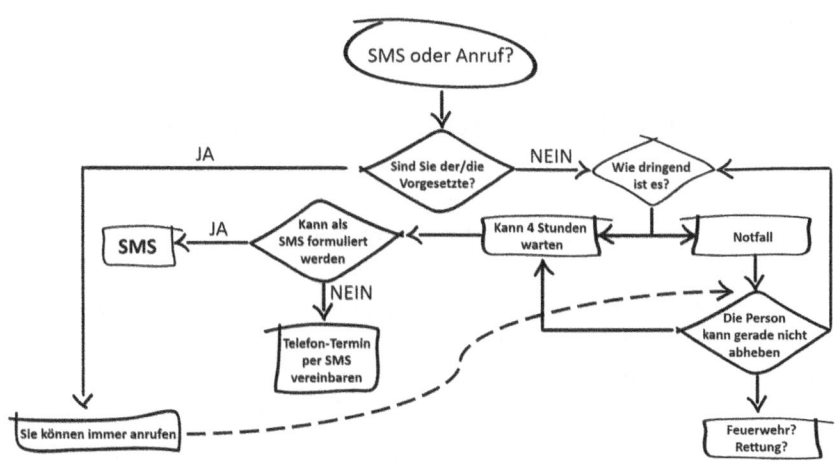

Abb. 6.4 Entscheidungsprozess: SMS oder Anruf?

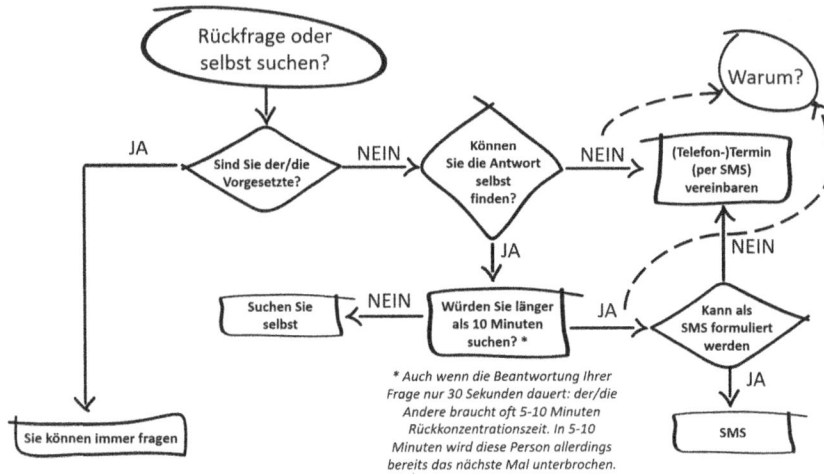

Abb. 6.5   Entscheidung: Selbst suchen oder anrufen?

- **Rückfragen: Information wird in „Selbstbedienung" angeboten**
  Viele Fragen kommen wiederholt vor und Experten antworten bereits mit Textbausteinen. Die meistgestellten Fragen, die gefahrlos in der Anwendung sind, können als **FAQs** (Frequently Asked Questions) (Abschn. 6.17) angeboten werden.

6.16   Expert Debriefing (Wissensstafette)

Das Expert Debriefing (auch: Wissensstafette) ist eine systematische Methode des Wissenstransfers. Mit einem moderierten Wissenstransfer-Gespräch wird das implizite Wissen einer Expertin oder eines Experten auf deren Nachfolge, Stellvertretung oder Urlaubsvertretung weitergegeben. Ursprünglich wurde die Wissensstafette bei Volkswagen entwickelt (Haarmann und Burski 2003).

Ein Expert Debriefing soll nicht verwechselt werden mit einer Einschulung, die vor allem explizites Wissen vermittelt. Ein Expert Debriefing zielt vorrangig auf implizites Wissen und Zusammenhänge, die Experten aus langjähriger Erfahrung bei komplexen Problemlösungen kombinieren. Darüber hinaus wird organisations- und karrierekritisches Wissen transferiert, etwa Hintergründe, Kontakte, interne Zusammenhänge, die Neue nicht haben können – aber brauchen werden.

Zentral bei diesem Format ist die Fragetechnik, mit der ins implizite Wissen hineingefragt wird.

Expert Debriefings werden manchmal in mehreren Teilen durchgeführt, wenn die Menge der zu übergebenden Inhalte den zeitlichen Rahmen sprengt. Empfohlene Zeitdauer pro „Session" ist ca. 1,5 Stunden.

Vorgehensweise

1.a **Briefing-Gespräch mit der Führungskraft**
   Bei dieser Vorbesprechung werden Präferenzen der Führungskraft abgeholt, beispielsweise zu prioritären Wissensgebieten.

1.b **Briefing-Gespräch mit dem Wissensgeber**
   Kern dieses Gesprächs ist das Erklären des Formats und die Bitte, zur Vorbereitung eine Zeit lang mitzunotieren, was in der bestehenden Funktion an Tätigkeiten anfällt. Eine solche grobe Übersicht dient zur Vorbereitung der Moderation und deren thematischer Gliederung.

1.c **Briefing-Gespräch mit dem Wissensnehmer**
   Zentral für die Vorbereitung hier ist neben einer Einführung zum Format der Hinweis, die vom Wissensgeber gehörten Inhalte nicht zu werten. Vermieden werden sollte also etwa: „So macht man das doch heute nicht mehr." Wissensgeber sollten nicht in die Rechtfertigung kommen, denn damit versiegt die Bereitschaft zur Wissensweitergabe.

2. **Vorbereitung durch den Wissensgeber**
   Ideal hierfür ist eine Bearbeitungszeit von ca. 14 Tagen, während die Wissensgeber ein Formblatt (siehe Download-Link am Ende dieses Kapitels) neben sich am Schreibtisch liegen haben und Tätigkeiten eintragen, wie sie anfallen.

   Man könnte annehmen, dass **Stellenbeschreibungen** (Abschn. 6.45) diese Tätigkeiten abbilden. Diese Detailtiefe würde Stellenbeschreibungen überfrachten und ständigen Änderungsbedarf generieren.

3. **Durchführung des Wissenstransfers**
   Teilnehmer sind der Wissensgeber, der Wissensnehmer, ein oder zwei Moderatoren oder Moderatorinnen.

Die Teilnahme von Vorgesetzten wird nicht empfohlen: Die Bereitschaft, Details preiszugeben, ist meist reduziert, und es kann zu Rechtfertigungsdiskussionen kommen, die Ergebnisse schmälern.

Grundtenor der Übergabegespräche sollte die Wertschätzung der übergebenen Expertise sein. Wie das übernommene Wissen danach genutzt wird, bleibt ohnehin der Nachfolge überlassen.

4. **Dokumentation, Transferplan, Feedback, Rückgabe an Führungskraft** Dokumentation (stichwortartige Mitschrift) wird entweder vom Wissensnehmer und/oder von der Moderation angefertigt.

Während des Übergabegesprächs wird auch ein sogenannter Transferplan erstellt, der festlegt, welche Tätigkeiten nach Ende des Transfergesprächs noch zu erledigen sind (und von wem, bis wann).

Zuletzt wird von allen Beteiligten Feedback eingeholt und der Prozess an die Führungskraft übergeben, in deren Bereich die Verantwortung dafür fällt, dass der Transferplan von den zuständigen Mitarbeitenden abgearbeitet wird.

Wissensboten: Wenn noch keine Nachfolge bestellt wurde

Ein häufiger Fall: Es gibt noch keine Nachfolge, dennoch muss aus Zeitgründen eine Übergabe stattfinden. In diesem Fall empfiehlt sich die Bestellung eines Wissensboten oder einer Wissensbotin. Diese Person übernimmt im Transfergespräch das Wissen, um es bis zur Neubesetzung der Stelle vertretungsweise zu nutzen bzw. um es nach Eintreffen der Nachfolge an diese weiterzugeben.

Praxis-Tipp Achten Sie bei der Auswahl von Wissensboten darauf, ob durch die Nachbesetzung Befindlichkeiten entstehen könnten, etwa wenn sich die bisherige Stellvertretung auf die Stelle bewirbt, Wissensbote ist und dann die Stelle jemand anderes bekommt.

Zeitliche Planung

Je früher, desto besser: Der Terminkalender gefragter Experten ist grundsätzlich voll. Bei Pensionierung oder Kündigung wird oft noch Resturlaub konsumiert. Beginnen Sie mit der Planung bzw. Durchführung deshalb im Idealfall mindestens 6 Monate vor dem Ausscheiden (weniger ist möglich, aber erzeugt zusätzlichen Zeitdruck) (Abb. 6.6).

Zeitliche Planung

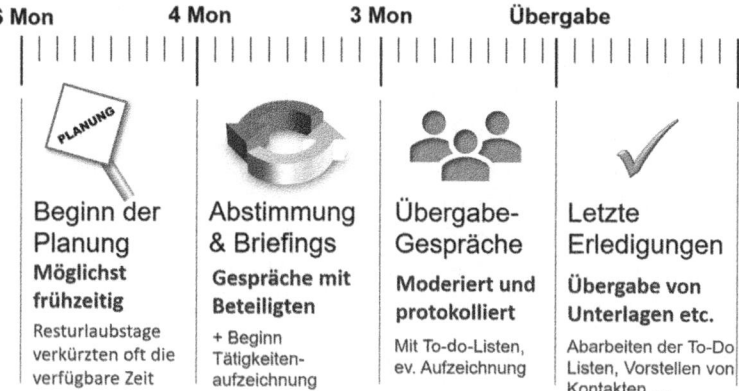

6 Mon	4 Mon	3 Mon	Übergabe
Beginn der Planung	Abstimmung & Briefings	Übergabe-Gespräche	Letzte Erledigungen
Möglichst frühzeitig	**Gespräche mit Beteiligten**	**Moderiert und protokolliert**	**Übergabe von Unterlagen etc.**
Resturlaubstage verkürzten oft die verfügbare Zeit	+ Beginn Tätigkeiten-aufzeichnung	Mit To-do-Listen, ev. Aufzeichnung	Abarbeiten der To-Do Listen, Vorstellen von Kontakten …

Abb. 6.6 Zeitliche Planung Expert Debriefing

Emotionale Fallstricke

Beachten Sie, dass immer auch „Kultur" und Haltungen transferiert werden. Wurde jemand „zwangspensioniert" oder gab es im Vorfeld des Ausscheidens Unstimmigkeiten, dann kann sich ein solches Expert Debriefing schwierig gestalten. Erfahrene Moderatoren können es manchmal dennoch so führen, dass Goodwill erreicht werden kann.

Dokumentation

Legen Sie vorab fest, wer dokumentiert. In manchen Fällen werden 2 Moderatoren eingesetzt, wobei ein Moderator hauptsächlich fragt, der/die andere hauptsächlich mitprotokolliert. Wortprotokolle werden nicht empfohlen. Nach Vereinbarung mit allen Beteiligten gibt es auch die Variante, dass eine Tonaufnahme gemacht und digital archiviert wird, sollte die Nachfolge später nochmals darauf zurückkommen wollen.

6.17   FAQ (Frequently Asked Questions)

FAQs (meistgestellte Fragen) sind eine Sammlung von Antworten in lesbarer Länge und an einer leicht auffindbaren Stelle zu den am häufigsten rückgefragten Themen. Damit werden Informationen in „Selbstbedienung" auffindbar. FAQ gibt es für interne und externe Nutzer. Der Schreibstil ist der Zielgruppe angepasst. Einsatzgebiete sind dort, wo Experten von Rückfragen belastet sind und Nutzer zu lange auf Antworten warten müssen.

FAQ können je nach Umfang von einem internen Word-Dokument bis hin zu einer Online-FAQ-Sammlung auf der Webseite alles sein.

Nicht alle Themen eignen sich für FAQs. Manche Inhalte sollten nur von Experten beauskunftet werden.

FAQ eignen sich hervorragend als Basis für die Entwicklung von **Bots** (Abschn. 6.29) und **First-Level-Support** (Abschn. 6.18).

6.18   First-Level-Support

Ein First-Level-Support beantwortet häufig wiederkehrende, einfache Fragen. Dadurch sollen Experten von häufigen Unterbrechungen entlastet werden. Kann der **First-Level-Support** eine Frage nicht beantworten, so geht diese an den **Second-Level-Support** mit etwas erfahreneren Mitarbeitenden weiter. Erst wenn das jeweilige Problem dort auch nicht gelöst werden kann, geht die Anfrage weiter an den **Expert Level**.

Der typische Reflex bei Anfragen ist das Weitergeben an Experten, was diese jedoch viele Stunden des Tages mit der Beantwortung von „Anfängerfragen" lahmlegt und damit Experten als Call-Center „missbraucht".

Der First Level kann hingegen mit Junior-Mitarbeitenden besetzt werden, weil die Auskunft entlang vorbereiteter Inhalte erfolgt. Gestartet wird mit einer FAQ-Sammlung und Entscheidungsbäumen. Die Erarbeitung erfolgt gemeinsam mit den Experten – und dort liegt die Amortisation: Später sparen sie viel Zeit durch wegfallende Rückfragen.

Es gibt eine Vielzahl an Software-Produkten, die den Workflow von First-Level-Systemen unterstützen, z. B. Sabio getsabio.com oder für große Call-Center z. B. Siebel von Oracle (inkludiert ein **CRM** (Abschn. 6.8)).

6.19   Frei-Räume

Frei-Räume zur Kommunikation und zum Austausch dienen dem Zweck, Mitarbeitenden die Möglichkeit zu bieten, selbststeuernd (wichtig!) den für die jeweilige Tätigkeit geeignetsten Arbeitsplatz auszuwählen. Frei-Räume ist im Titel getrennt geschrieben, weil es oft tatsächlich Räume sind, oder Bereiche wie Kaffeeecken etc.

Frei-Räume sind im Idealfall unterschiedlicher Art: Bereiche für stilles Arbeiten, Räume für Interaktion, Räume für das Führen einer Videokonferenz, für Brainstorming etc.

6.20 Führungsaufgabe

Einer der zentralen **Erfolgsfaktoren** (Abschn. 3.2) für das Gelingen von Maßnahmen ist die Vorbildwirkung und Unterstützung durch Führungskräfte.

Vieles an Ergebnissen in der Organisation, insbesondere auch die Kultur, hängt davon ab, was Führungskräfte unterstützen oder im umgekehrten Fall dulden. Der Rolle der Führung – auf allen Ebenen – kommt gerade in einem Umfeld des zunehmend selbstbestimmteren Arbeitens von Beschäftigten eine immer bedeutendere Rolle zu.

Empfohlen für Führungskräfte sind die von John Kotter (2012) in jahrzehntelanger Forschung destillierten Empfehlungen für das Gelingen von Projekten und Transformation. Allen voran sind dies folgende drei:

1. **Bauen Sie eine Führungskoalition auf**
   Identifizieren Sie Meinungsbildner und einflussreiche Persönlichkeiten in der Organisation und sichern Sie sich deren Unterstützung für Initiativen bzw. delegieren sie die Führung von Projekten und Überzeugungsarbeit an diese und unterstützen Sie deren Aktivitäten (vgl. Kotter 2012).
2. **Erzeugen Sie ein Gefühl der Dringlichkeit**
   Dinge, die nicht wichtig sind oder nicht verstanden werden, geschehen letztlich nicht oder entfalten keine Dynamik. Ein guter Grund ist Gold wert.
3. **Dranbleiben!**
   „Jetzt läuft's!" Wirklich? Ein noch so ambitioniertes Projekt fällt in alte Muster zurück, wenn wir nicht dranbleiben. Lassen Sie nicht locker!

6.21 Großgruppen-Formate

Großgruppen-Formate eignen sich, um eine größere Zahl an Personen (Interne/Externe) beim Erarbeiten von Lösungen einzubeziehen.

6.21.1 Barcamp (auch: Unkonferenz)

Ein Barcamp startet mit einem Thema, aber ohne Agenda – diese wird zu Beginn der Veranstaltung gemeinsam erstellt. Themen werden von Teilnehmenden nominiert, dann abgestimmt. Aus den Ergebnissen erstellt die Moderation gemeinsam mit den Teilnehmenden eine Agenda.

Die Themen-Geber bieten dann zu Beginn der Session ihres nominierten Themas eine kurze Einführung, etwa ihre Position zum Thema und weshalb sie es vorgeschlagen haben, und allenfalls, was sie sich von der anschließenden Diskussion erhoffen.

Zumeist berichten dann alle Themen-Geber im Plenum in der letzten Session von den Ergebnissen ihrer jeweiligen Diskussionen.

Zweck kann sein, den fachlichen Austausch zu fördern, Community zu pflegen und/oder gezielt Lösungen zu suchen.

Der gesamte Zeitbedarf: mindestens ein bis zwei 2 Stunden, üblich ist ein Tag.

6.21.2 Design Thinking

Typischerweise wird Design Thinking dazu verwendet, innovative neue Ideen in der Gruppe zu finden, zu testen, und eine erste Umsetzung zu überprüfen. Die Idee ist angelehnt an den Prozess von Designern, wenn sie Prototypen für neue Produkte entwerfen. Zu Design Thinking gibt es verschiedene Vorgehensmodelle.

Nach Tim Brown 2008 (2019) laufen Design-Thinking-Workshops zumeist in sechs Phasen ab:

1. **Eine Frage stellen**
   Was ist die Herausforderung, um die es geht?

2. **Perspektiven-Wechsel und Ideengenerierung**
   Betrachten einer Fragestellung aus der Perspektive beider Seiten, z. B. des Anbieters und der Kunden.
   Gearbeitet wird üblicherweise an Pinnwänden.
3. **Synthese, Ableiten und Priorisieren von Ideen**
   Aus dem zuvor Erarbeiteten entwickeln die Teilnehmenden mögliche Ideen. Ohne jegliche Zensur soll alles, das einfällt, genannt und an die Pinnwand geheftet werden.
   Danach stimmt die Gruppe für den aussichtsreichsten oder interessantesten Vorschlag.
4. **Prototyping**
   Der aussichtsreichste Vorschlag wird jetzt mit einem Prototyp umgesetzt: Das kann ein Modell aus Pappe sein, ein gezeichnetes Mock-up für eine Webseite etc. Materialien werden beigestellt.
5. **Testen und Feedback einholen**
   Dadurch werden Vorschläge verbessert und verfeinert.
6. **Präsentieren**
   Das Ergebnis wird am besten in Form einer Geschichte erzählt.

6.21.3 Open Space

Eine Reihe von Themen werden verschiedenen Pinnwänden zugeordnet, die jeweils für den Workshop eine eigene Bord-Moderation bekommen.

Zu Beginn werden die Themen im Plenum vorgestellt und das Ziel sowie die zur Verfügung stehende Zeit genannt. Die Teilnehmenden verteilen sich dann nach Interesse zu den Pinnwänden und schließen sich dort der Diskussion an. Die Bord-Moderation stellt sicher, dass die Diskussionsbeiträge auf der Pinnwand abgebildet werden. Die Teilnehmenden wandern nach Interesse von einem Bord zum anderen.

Zuletzt berichten die Moderatoren im Plenum von den Ergebnissen.

6.21.4 World Café

Mit dem World Café bearbeitet eine Gruppe an Teilnehmenden eine oder mehrere Fragestellungen. Dabei werden die Teilnehmenden auf Tische verteilt, wobei jeder Tisch eine Moderation hat. Alle Tische können die gleiche Fragestellung bearbeiten oder jeder Tisch eine andere. Die Diskussionszeit pro Tisch kann flexibel vereinbart werden, z. B. mit 10 oder 15 Minuten pro Runde. Mindestens einmal sollten die Teilnehmenden den Tisch wechseln und an einem anderen Tisch weiterdiskutieren – am besten neu durchgemischt. Die Aufgabe der Moderation ist dabei, für die neuen Diskutanten am Tisch die Ergebnisse der vorhergehenden Gruppe(n) kurz zusammenzufassen. Dazu wird häufig die Tischfläche mit Papier bezogen, sodass darauf Notizen gemacht werden können.

Am Ende der Tischrunden berichten die Moderatoren im Plenum die Ergebnisse.

Praxis-Tipp Wie auch bei anderen Großgruppen-Formaten: Veranstalten Sie nur, wenn die Ergebnisse danach verwendet werden, sonst generieren Sie Enttäuschung statt Engagement.

6.22 Home-Office

Während der Coronakrise kam Home-Office zu massenhaften Ehren. Dabei konnten viele Menschen und auch Organisationen Erfahrungen mit Home-Office machen und feststellen, wofür es sich gut eignet, und wofür weniger – und auch in welchen persönlichen Lebensbedingungen Home-Office einen Vorteil oder aber einen Nachteil darstellt.

Für Organisationen empfiehlt es sich deshalb, Strategien zu entwickeln oder zu experimentieren, wie eine möglichst optimale Aufteilung zwischen Büro und Home-Office aussehen kann, sodass einerseits die Produktivität und andererseits der Team-Zusammenhalt gleichermaßen optimiert werden können.

Eine besondere Herausforderung für Führungskräfte in einem hybriden Arbeitsumfeld ist die geeignete Einbeziehung von Kollegen im Home-Office.

Generell sind die Vorteile von Home-Office durch die stark erhöhte Produktivität bestechend. Zwei bis drei Tage Home-Office pro Woche scheinen aber je nach Aufgabengebiet das Maximum zu sein, um auch Team-Zusammenhalt und Produktivität vor Ort sicherzustellen.

Mehr dazu finden Sie im Abschnitt zu **New Work** (Abschn. 3.1.7).

6.23 Informationsdesign

Nicht nur Software kann Nutzerfreundlichkeit (Usability) haben: Text, Dokumente und Grafik brauchen ebenso Nutzerfreundlichkeit.
Im Design von Information zugrunde gelegt werden (vgl. Lutz 2015, 2017):

Psychologische Grundlagen, insbesondere die Wahrnehmungspsychologie
Dazu gehören Farben, Schrifttypenwahl, Bewegung/Animation, Ton, Kontraste und Formen, Ähnlichkeiten, Symmetrien, Wiedererkennung, Positionierung von Information, Visualisierung, Style-Guides usw.

Sprachliche Grundlagen
Die sprachlichen Grundlagen des Informationsdesigns beachten inhaltliche und formale Komplexität von Texten (insbesondere das Hamburger Modell der Textverständlichkeit), Fachsprachen/Jargons und Terminologie-Management.

Aspekte aus der Kognitionsforschung
Aus der Kognitionsforschung Berücksichtigung finden Gesetzmäßigkeiten der Informationsaufnahme, der Gedächtnisleistung und der kognitiven Überlastung, zur Bedeutung von Metaphern und Symbolen und der kulturellen Einflüsse darauf.

Aspekte der Verhaltensökonomie
Ein derzeit stark wachsendes Feld ist jenes der Verhaltensökonomie, das sich insbesondere mit mentalen Modellen beschäftigt. Die Berücksichtigung mentaler Modelle wie Framing, Biases und Denkfallen im Informationsdesign gewinnen zunehmend an Bedeutung (Wehling 2019).

6.23.1 Elevator Pitch, Abstracts, Management Summaries

Mit einem Elevator Pitch werden Inhalte kurz und prägnant formuliert. Im Idealfall werden die wesentlichsten Botschaften zu einem Thema in maximal 1,5 Minuten vermittelt.

Dieses Format wird auch zur Vorbereitung von Interviews eingesetzt, für Management Summaries, Abstracts, Lessons Learned, Zusammenfassungen, Einleitungen, Powerpoint-Folien, E-Mails usw.

Warum heißt das Format Elevator Pitch?

Die Bezeichnung ist abgeleitet von der Vorstellung, dass man mit einer Entscheidungsträgerin bzw. einem Entscheidungsträger eine Aufzugfahrt lang Zeit hat, um Überzeugungsarbeit zu leisten.

Zentrale Elemente des Elevator Pitch

1. Das gesamte Thema in einem Satz: Worum geht es?

_____

2. Drei unterstützende Argumente: z. B.:
   Warum ist das wichtig?
   Warum wurde es bisher nicht gemacht?
   Welche Gefahren können vermieden werden? etc.
3. Ein plakatives Beispiel.

_____

_____

Beginnen Sie mit der Vision voraus, nicht mit der Lösung. Warum? „Diese Software wird ...“ Beginnen Sie stattdessen mit einem bekannten Problem oder mit einer Vision: „Wie wir 2024 arbeiten werden ...“. Vermeiden Sie „Werbebotschaften“. Die meisten Menschen schalten da sofort ab – und genau das wollen Sie ja vermeiden.

Praxis-Tipp Überlegen Sie folgende Punkte:

* Für wen schreiben Sie das?
* Was interessiert diese Menschen? Zahlen? Geschichten?
* Wie sieht die Welt dieser Menschen nachher anders aus?

P.S.: Diese Beschreibung ist im Elevator-Pitch-Stil verfasst!

6.23.2 Infografiken

Vielfach sind Illustrationen sprechender als umfangreiche Texte. Ein Bild sagt tatsächlich oft mehr als tausend Worte.

Bei der Gestaltung von Infografiken bedarf es der sorgfältigen Auswahl von Elementen, Farben, Größenverhältnissen, Symbolen und Zusammenhängen. So nützlich eine gut gemachte Infografik auch sein kann, so irreführend können ungünstig gewählte Darstellungselemente wirken. Zur weiterführenden Lektüre sind die Arbeiten von Tufte (2001) und Eppler (2022) zu empfehlen.

6.24 Informations- und Medienkompetenz-Training

für Fortgeschrittene

Ein systematischer, methodisch kontrollierter Umgang mit Information und Medien schafft Freiheitsgrade in der Informationsarbeit, verkürzt Suchzeiten, verbessert Qualität.

Zu Informations- und Medienkompetenz-Trainings gehören unter anderem folgende Themen (Herget und Mader 2008):

Informations- und Medienkompetenz Informationsportfolio (was wird wirklich gebraucht, was lenkt ab?), Informationsmarkt (Ressourcen, Medien), Recherchewerkzeuge (Verwendung von Suchoperatoren, Software), Qualitätsbeurteilung (Relevanz, Fake News), Aufbereitung von Information, Informationsverhalten usw.

Persönliche und organisationale Arbeitstechniken Informationsverhalten, Quiet Time (Konzentrationszeiten), E-Mail-Handling-Etikette, E-Mail-freie Zeit, Eisenhower-Matrix (unterscheidet Aufgaben nach Wichtigkeit und Dringlichkeit) etc. (Abb. 6.7)

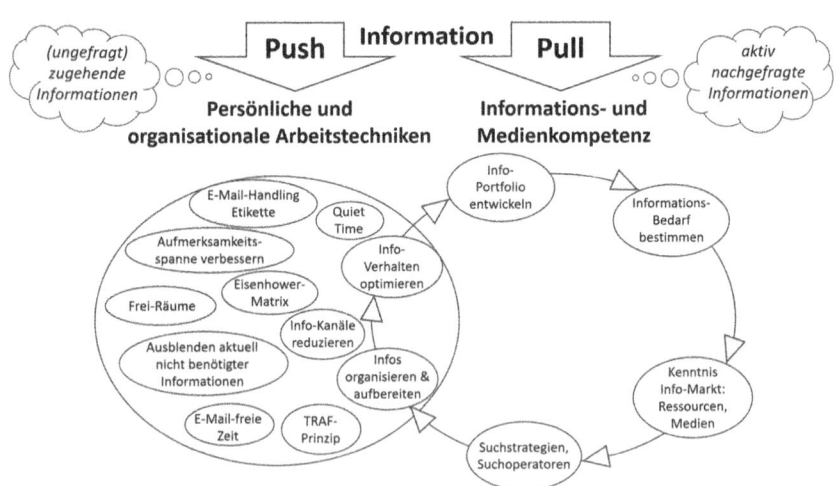

Abb. 6.7 Informations- und Medienkompetenz: Übersicht der Inhalte. (Herget und Mader 2008)

6.25 Job-Rotation

Karriereorientierten und mobilen Mitarbeitenden kommen die Konzepte der Job-Rotation sehr entgegen.

Mitarbeitenden wird dabei ermöglicht, eine gewisse Zeit an unterschiedlichen Positionen in verschiedenen Bereichen der Organisation zu arbeiten und so eine Reihe von Tätigkeiten und Teams kennenzulernen.

Wissenserwerb und Kompetenzen sind jedoch nur ein Teil des Effekts von Job-Rotation. Der andere Teil ist jener der persönlichen Beziehungen und damit der Aufbau von Netzwerken und von Vertrauen.

6.26 Junior-System

Zu Beginn beobachten wir, dass neue Mitarbeitende viel notieren. In den ersten Wochen und Monaten tut ein Notizbuch (digital oder Papier) gute Dienste, um durch den Alltag zu kommen.

Nach einigen Wochen oder Monaten bleibt dieses Notizbuch in der Schreibtischlade liegen, weil man den Inhalt inzwischen kennt. In dieser Lade liegt das Notizbuch dann vermutlich mehrere Jahre lang ab, bis es irgendwann entsorgt wird.

Das machen alle so, die in einer Organisation anfangen. Notieren, ablegen, wegwerfen.

Schade.

Das muss nicht sein.

Juniors können stattdessen gemeinsam an einer vereinbarten Stelle jene Inhalte sammeln, die sie benötigen und eine Wissensbasis schaffen, die späteren Einsteigern den Start erleichtert. Die Notizen, die alle zu Beginn machen, können so gemeinsam Nutzen stiften, und neue Mitarbeitende können sofort operativ etwas Sinnvolles beitragen.

Wenn Juniors etwas fragen und Auskunft und Antworten von Experten bekommen, dann werden sie mit dem Junior-System verpflichtet, als Gegenleistung diese Information zusammenzufassen und an einer vereinbarten Stelle zu dokumentieren. Auf diese Weise werden Experten teilweise von Dokumentationsaufgaben entlastet.

Das Format, der Ort und der Stil der Dokumentation werden intern individuell festgelegt.

6.27   Kollaborationsplattform/Intranet

Auf Kollaborationsplattformen können Teams toolgestützt zusammenarbeiten. Plattformen eignen sich zur konzernweiten Kollaboration. Aber: Plattformen sind jedoch nicht per se nützlich. Viele fristen ein „Dornröschen"-Dasein, denn das Tool allein verkommt zur (teuren) „Ablage", wenn es nicht strategisch mit breiter Beteiligung der Belegschaft konzipiert wird.

Engagierte Persönlichkeiten, die in der Belegschaft anerkannt sind, die die intendierte Verwendung vorleben, werden andere dafür begeistern.

Praxis-Tipp Vorsicht Dubletten! Verwenden Sie auf einer Plattform eine Datei, die an einer anderen Stelle ebenfalls vorhanden ist, generieren Sie ein Wissensmanagement-Problem, das Sie davor nicht hatten. Entscheiden Sie, wo welche Dateien gespeichert sein sollen, und an allen anderen Stellen verwenden Sie Links.

Gut geeignet sind Plattformen für Communities, die z. B. rund um Treffen und spezielle Themen Inhalte zum Download und einen Platz für Diskussion, Fragen etc. brauchen – wo alle Mitglieder dieser Community wissen, dass die Unterlagen zu den Veranstaltungen eben auf dieser Plattform zu finden sind und alle Mitglieder darüber erreichbar sind.

Typische Funktionen einer Kollaborationsplattform:

- Projektmanagement-Unterstützung
- Team-Kalender
- Chat-Funktion
- News-Foren
- etc.

6.28   Kongresse & Tagungen

Kongresse und Tagungen sind als Instrument der Wissensvermittlung bzw. des Kompetenzaufbaus bekannt, haben aber über ihren inhaltlichen Zweck hinaus auch eine Funktion in der Vernetzung von Spezialisten und sind auch ein Instrument der Öffentlichkeitsarbeit, wenn Experten das eigene Unternehmen z. B. mit einem Vortrag repräsentieren.

In der Vorbereitung eines Tagungsbesuchs sollten Inhalte festgelegt werden und das Format, in dem diese dann intern zur Verfügung gestellt und weitergegeben werden. Manches an Kontakten lässt sich planen, anderes entsteht aus dem Zufall vor Ort und bringt wertvollen Zusatznutzen zum eigentlichen Zweck des Wissens-Updates.

Wäre das Networking vor Ort nicht so zentral für den Wert eines Kongressbesuchs, dann könnten Livestreams oder Videokonferenz-basierte Teilnahme völlig ausreichen. Beide Formate haben ihre Vorteile – entscheiden Sie entsprechend dem erwünschten Nutzen und Zusatznutzen.

6.29   Künstliche Intelligenz, Bots, Digitalisierung & Co

für Fortgeschrittene

Künstliche Intelligenz (KI) soll Menschen jene repetitiven Aufgaben abnehmen, die Experten mit wiederkehrenden Standardfragen belasten. Die Grundidee ist, die Maschine das tun zu lassen, was die Maschine besser kann (Massenbearbeitung, langwierige Berechnungen) und den Menschen das tun zu lassen, was der Mensch besser kann (Gespräche führen, Einfühlungsvermögen, Innovation, kreative Lösungen, Customer Experience Design etc.).

Digitale Agenten und KI können ein 24/7 Serviceangebot ermöglichen und dabei zusätzlich tagsüber Mitarbeitende von Rückfragen entlasten.

Bots

Bots sind Software-Tools, die im Frage-Antwort-Modus automatisiert Anfragen beantworten. Das Einsatzgebiet von Bots sind typischerweise einfache, wiederkehrende Anfragen, die von Menschen nicht auf wirtschaftliche Weise bearbeitet werden können.

Nicht immer ist die Programmierung von Bots nötig. Gut formulierte **FAQs** (Abschn. 6.17) können in Bot-Dienste konvertiert werden. Anbieter sind z. B. freshworks.com, botxo.ai, manybot.io, oder etwas anspruchsvoller das Azure Bot Service von Microsoft unter dev.botframework.com.

Künstliche Intelligenz

wird eingesetzt, um dem Menschen langwierige, aufwendige und komplexe Arbeitsvorgänge abzunehmen – vom Vergleich tausender Röntgenaufnahmen und dem Ableiten von Erkenntnissen bis hin zum Beschlagworten von Fotos mit den darin abgebildeten Personen.

Machine Learning

Bei Machine Learning entwickeln selbstlernende Systeme aus dem Vergleich einer großen Anzahl von Vorgängen eine Mustererkennung und System-Beherrschung.

Digitalisierung

Freilich würde eine erschöpfende Behandlung von Digitalisierung an dieser Stelle zu weit führen. Einige Tipps scheinen aus der Sicht der Wissensmanagement-Praxis aber angebracht.

- Beste „Kandidaten" für Digitalisierung sind Aufgaben, die ohne Mehrwert menschliche Arbeitsleistung binden und risikolos Standardaufgaben abarbeiten können.
- Digitalisierung ist die Aufgabe der IT und wird gemeinsam mit den jeweiligen Fachbereichen umgesetzt. Die häufig zu beobachtenden Alleingänge der einen oder anderen Seite führen zu vorhersehbaren Problemen bei Tauglichkeit und Akzeptanz.
- Bevor Sie bestehende Abläufe und Prozesse digitalisieren, hinterfragen Sie die Prozesse gründlich: Wird der Ablauf überhaupt gebraucht,

kann er effizienter organisiert werden, sollten Stakeholder einbezogen werden, kann Effizienz verbessert werden (Kunden laden Belege selbst herunter, ändern ihre Stammdaten etc.) u. v. m.

- Überlegen Sie vor allem, wie Digitalisierung oder Automatisierung Wissensarbeit von einfachen, repetitiven Standard-Tätigkeiten entlasten kann, die nicht unbedingt menschliche Arbeitsleistung braucht bzw. wie Menschen von dumpfen Routinearbeiten entlastet werden können. Weitere Hinweise zur „Arbeitsaufteilung" zwischen Mensch und Maschine finden sich in Abschn. 2.3.5.

6.30 KVP – Kontinuierlicher Verbesserungsprozess

Der Kontinuierliche Verbesserungsprozess (KVP) ist eine Methode zur Effizienz- und Qualitätssteigerung. Dabei werden in regelmäßigen, häufigen (z. B. täglichen, wöchentlichen) kurzen Meetings machbare, nötige Verbesserungen diskutiert und danach umgesetzt. So wird in kleinen Schritten laufend eine Optimierung erreicht. Machbarkeit bedeutet dabei, dass Verbesserungen vom bestehenden Team mit den bestehenden Ressourcen umgesetzt werden können.

6.31 Leitbild-Prozess

Ein Leitbild drückt die Vision, die Mission und die Werte (Vision, Mission, Values) einer Organisation aus. Gleichzeitig ist ein Leitbild auch Anhaltspunkt und geteilte Vision aller, die eine Organisation ausmachen: Mitarbeitende, Gründer, Aufsichtsrat, im Idealfall auch der Kunden.

Ein Leitbild beschreibt Vorgehen, Aufgaben und Nutzen einer Organisation und ist die klare Positionierung von Zielvorstellungen, dem beschrittenen Weg und den verfolgten Grundhaltungen.

Im Wesentlichen wird mit der Erstellung eines Leitbildes eine klare Positionierung hinsichtlich der Absichten, Leistungen und Standards einer Organisation angestrebt. Das Leitbild dient auch als Identifikationsinstrument.

Schädlich oder sogar kontraproduktiv für die Organisationskultur sind Top-down-generierte Leitbilder, die mit der Realität der Mitglieder einer Organisation nichts zu tun haben bzw. ihr im schlimmsten Fall widersprechen.

Empfohlene Vorgehensweise

1. Einbindung

Am Leitbildprozess sollten selektierte (in kleinen Einheiten alle) Mitarbeitende teilnehmen, die alle Hierarchie-Ebenen und alle Bereiche einer Organisation repräsentieren. Bei der Auswahl empfiehlt es sich, Persönlichkeiten einzubinden, die in ihrem Bereich meinungsbildend wirken. Die Beteiligung der Belegschaft und der Personalvertretung ist ein kritischer Erfolgsfaktor, um möglichst sicherzustellen, dass die erarbeiteten Werte gelebt und mitgetragen werden.

Gruppengröße: Empfohlene, arbeitsfähige Gruppengröße: maximal 12 Personen für Workshop-Formate. Für mehr Personen empfehlen sich **Großgruppen-Formate** (Abschn. 6.21).

2. Bearbeitung folgender Themen bzw. Inhalte in Gruppenarbeit

2.1. Leitmotiv/Vision

Am Anfang des Leitbildes steht zumeist das Leitmotto oder Leitmotiv, das kurz und prägnant zusammenfasst, was Sinn und Vision des Unternehmens (Projektes, Teams etc.) ist. Eine hilfreiche Überlegung kann hier sein, die gemeinsame Vision zu beschreiben: Wofür stehen wir? Warum ist uns das wichtig? Was haben wir uns überlegt?

Unter Umständen bietet sich ein Rückgriff auf die Entstehungsgeschichte an, um den Unternehmenszweck zu beschreiben: Was war der Gründungsgedanke?

2.2. Mission

Mögliche Themen: Beitrag des Unternehmens (Projektes, Teams …) zur Gesellschaft, Wie machen wir das, was wir tun? Wie erreichen wir unsere Ziele, was ist der Kunden-Nutzen?

2.3. Werte

Wie ist die Haltung der Organisation und der Belegschaft gegenüber Kunden, der Umwelt, der Gesellschaft?

3. Leitsätze
Leitsätze beschreiben verschiedene Aspekte der Tätigkeit.

Zeitbedarf
Für die Erarbeitung und Verabschiedung sind 1 bis 2 Ganztages-Workshops realistisch.

Ein sehr inspirierendes Beispiel finden Sie im Abschn. 7.6.

6.32   Lessons Learned

Lessons Learned sind ein Instrument der Wissensteilung. Lessons Learned werden in lesbarer Länge an geeigneter Stelle verfügbar gemacht und bei neuen Projekten zugrunde gelegt.

Im Idealfall werden die Lessons Learned bei einem Projektabschluss-Meeting oder einem **Debriefing** (Abschn. 6.10) gezogen, diskutiert und allenfalls auch gleich gemeinsam formuliert.

Praxis-Tipps
1. Lessons Learned diszipliniert zu sammeln, an einer vereinbarten Stelle verfügbar und suchbar zu machen, Vorgängen oder Projekten zuzuordnen und zu beschlagworten, ist nur ein Teil des Erfolges. Stellen Sie sicher, dass bei neuen Projekten die Lessons Learned aus der jeweiligen Domäne herangezogen und im Projektantrag berücksichtigt werden.
2. Legen Sie fest, welchen Umfang Lessons Learned haben sollen, wer, wo und wie sie zu erstellen und abzulegen sind.

6.33   Meeting- und Kommunikationsformate

Formate selbst sind nicht so wichtig wie ihre sorgfältige Auswahl und Kombination passend zu den Aufgaben Ihrer Organisation. Meeting- und Kommunikationsformate sind eine perfekte Gelegenheit für Führungskräfte, strategische Themen zu treiben. Unter Beachtung einer produktiven *Meeting-Kultur* gelingt dies auch.

6.33.1 Meeting-Formate

• Interne Besprechungsrunden spezieller Teams/Fachthemen (der Kreativität sind keine Grenzen gesetzt)
• *Business Talk*: Abschn. 6.5 holt spezielle Expertise vor den Vorhang.
• *Walking Meetings*: Abschn. 6.50 eine Alternative mit gesundheitlichem und Teambuilding-Mehrwert

6.33.2 Informationsformate

• **Newsletter**
Newsletter sind ein kostengünstiges und effektives Kommunikationsmittel mit zielgruppenspezifischer „Auslieferung" und suchbarer Nachlese für später Hinzugekommene.
• *Intranet*
• *Blog, Vlog/Podcast*

6.33.3 Kommunikationsformate

• **Messenger-Gruppen**
Gezielter Informationstausch und schnelle Updates können gut über themen- oder teamspezifische Messenger-Gruppen organisiert werden. Etablieren Sie Inhalt und Nicht-Inhalt. Müssen alle von einer Nachricht verständigt werden? Reicht tägliches Querlesen? Vereinbaren Sie eine Etikette, die zu Ihrer Arbeitsweise passt.
• *Forum* (Abschn. 6.3.)
• *Blogs* (Abschn. 6.3.)*
• **Chat-Funktion,** *Kollaborationsplattform*
Später hinzugekommene Mitarbeitende können auch jene Inhalte finden und durchsuchen, die vor ihrem Eintreffen bereitgestellt wurden.

6.34 Meeting-Kultur

Meetings nehmen je nach Aufgabengebiet unter Umständen mehrere Stunden pro Tag in Anspruch. Wenn wir es also schaffen, diese Zeit besser zu nützen bzw. ohne Qualitätsverlust zu reduzieren, spielen wir dringend benötigte Arbeitszeit für andere wichtige Tätigkeiten frei – etwa für ein wichtiges Gespräch, für Konzentrationszeit usw. Im Idealfall reduzieren wir die Meeting-Zeiten und erhöhen die inhaltliche Qualität und Effizienz dessen, was wir in Meetings tun.

Was immer als unproduktiv auffällt, kann ein Gestaltungspunkt sein. Im Idealfall diskutieren Sie im Team und passen entsprechend an.

6.35 Mentoring und Patensysteme

Zur Einführung von neuen Mitarbeitenden in ihren Job und in das Unternehmen einerseits und in eine Fachkarriere andererseits unterscheiden wir die folgenden Methoden.

6.35.1 Patensystem

Das Patensystem ist ein Einführungsprogramm für neue Mitarbeitende. Diesen wird eine erfahrene Mitarbeiterin (Patin) bzw. ein erfahrener Mitarbeiter (Pate) zur Seite gestellt. Paten sind Ansprechpersonen und unterstützen den Einarbeitungsprozess.

Durch den Status als Patin oder Pate kann der Eindruck vermieden werden, dass die Fragen neuer Mitarbeitenden stören würden.

6.35.2 Mentoring

Mentoring dient der direkten Weitergabe von Wissen und Erfahrung von erfahrenen Mitarbeiterinnen und Mitarbeitern (Mentorinnen und Mentoren) an jene Mitarbeitende, die ihre Kompetenzen weiterentwickeln und vertiefen wollen (Mentees).

Mentoren stehen oft nicht in einer hierarchischen Beziehung zu ihren Mentees. Ihre Rolle ist unterstützend, beratend und fördernd und zumeist zeitlich befristet.

Häufig ist die Mentoring-Rolle eine, die in eine (Fach-)Karriere hineinhilft, Kontakte herstellt usw.

6.35.3 Reverse-Mentoring

Beim Reverse-Mentoring sind die Rollen vertauscht bzw. gegengleich aufgestellt: Beide können einander etwas beibringen und einander unterstützen. Ein langjähriger Mitarbeiter kann etwa betriebliches und fachliches Erfahrungswissen an einen Neueinsteiger weitergeben und umgekehrt etwa beispielsweise bei der Verwendung neuer Technologien unterstützt werden. Die Devise ist, voneinander zu lernen.

6.36 Mitarbeitenden-Gespräch Plus

Das Mitarbeitenden-Gespräch ist ein klassisches Instrument des Personalmanagements, kann aber auch für strategische Themen, die Führungskräfte voranbringen wollen, mitverwendet werden.

Was Sie neben etablierten Standards in Ihre Mitarbeitenden-Gespräche integrieren könnten:

- Wissenstransfer: Von wem sollte ich welches Wissen erhalten bzw. abfragen?
- Wissenstransfer: Wem sollte ich welches Wissen weitergeben? Wie?
- Wissensziele, Umqualifizierung auf neue Tätigkeit etc.
- Erfassung von Kompetenzen für eine **Skills-Datenbank** (Abschn. 6.44).

6.37 Navigation

Viele Organisationen arbeiten mit einer fast unüberschaubaren Anzahl von Tools, Datenbanken und Plattformen. Nicht nur für neue Mitarbeitende, auch für jene, die unterschiedliche Tools nicht täglich verwenden oder nur Inhalte und Informationen für die Erledigung einzelner Aufgaben suchen, wird dieser Overload zur Produktivitätsfalle.

Abhilfe bei der Auffindbarkeit von Informationen und bei der Reduktion von Suchzeiten und Unterbrechungen bietet die einfache Methode der Navigation.

Eine Navigation bildet eine übersichtliche Liste oder Darstellung der verfügbaren Informationssammlungen und Zuständigkeiten, um auf einen Blick zu sehen oder mit einem Klick zu finden, wo es was gibt (idealerweise gleich direkt verlinkt).

Das Format ist dabei eher unerheblich. Ein einfaches Word-Dokument kann ein Beginn sein, eine (eine!) übersichtlich gestaltete Powerpoint-Folie, eine Seite im Intranet etc.

6.38 Netzwerke

Netzwerke dienen der Kontaktpflege und dazu, Verständnis und Vertrauen sowie Kenntnis über Belange anderer Bereiche oder Personen aufzubauen. Wissensteilung und das Lösen komplexer Aufgabenstellungen gehen nachweislich in einer Vertrauenskultur schneller, effizienter und harmonischer vonstatten.

Netzwerke werden nicht gegründet, sondern aufgebaut Sie wachsen mit der Zeit, aber nur dann, wenn für die Mitglieder des Netzwerkes auch eine Motivation zur Teilnahme besteht.

Netzwerke haben immer ein Anliegen und Thema, das sie vorantreiben. Das kann so niederschwellig sein wie Erfahrungsaustausch. Teilnehmer tauschen Information, Wissen und Kontakte.

Netzwerke sind allerdings keine Selbstläufer: Sie am Leben zu erhalten, bedarf eines gewissen Aufwandes und einer gewissen Organisation.

Im Abschnitt zu **Communities** (Abschn. 6.7) finden Sie weitere Hinweise.

6.39 Onboarding, Einschulung

Einführungs-/Einarbeitungsprogramme legen fest, welche Inhalte und Kompetenzen mit welcher Methode vermittelt werden sollen. Die Programme setzen darüber hinaus auch einen Zeitrahmen für die einzelnen

Inhalte sowie die Zuständigkeiten für jene fest, die Wissen weitergeben, Feedback geben oder unterweisen.

Die Einarbeitung beginnt nach Vertragsabschluss, wenn die ersten Fragen zur Aufgabe geklärt werden. Systematisch vorbereitete Einarbeitung in der Organisation spart generell Ressourcen und sorgt dafür, dass neue Mitarbeiter früher operativ werden.

Eine Reihe von Maßnahmen kommt dafür in Frage.

- Willkommensmappe (Druck/digital)
- Einführungsveranstaltungen („Bootcamp")
- Onboarding-Seminare
- **Patensystem** (Abschn. 6.35)
- **Mentoring** (Abschn. 6.35)
- **Junior-System** (Abschn. 6.26)

6.40 Organisationsstruktur

Organisatorische oder bürokratische Hürden können Wissensteilung verlangsamen. Konkurrenz zwischen Abteilungen ist die beste Verhinderung von Informations- und Wissensweitergabe. In diesem Fall gibt es nur eine Möglichkeit, Wissenstransfer sicherzustellen, nämlich durch die Beseitigung der Konkurrenzsituation.

Eine andere, häufig unbeachtete organisatorische Hürde kann die Budgetierung entlang klassischer Abteilungssilos bilden. Siehe dazu auch **Beyond Budgeting** (Abschn. 8.4).

6.41 Prozesse & Erledigungsstandards

Erledigungsstandards definieren adäquate Organisation und Vorgehensweisen zur Erfüllung von Aufgaben. Erledigungsstandards ergänzen das Prozessmanagement.

In angemessenem Ausmaß vordefinierte Prozesse helfen, Missverständnisse und Rückfragen zu vermeiden und die Effizienz zu erhöhen. Zu kleinteilig ausdefinierte Prozesse verlangsamen üblicherweise die Organisation. Für neue Mitarbeitende verkürzen gut definierte Prozesse die Einarbeitungszeit. Fehlende und unklare Prozesse bzw. wechselnde Entscheidungen über Vorgehensweisen generieren Reibungsverluste.

Informations- und Kommunikationsprozesse
Allgemeine Prozesse der Leistungserbringung werden im Prozessmanagement organisiert. Oftmals sind dabei die dazwischen liegenden Informations- und Kommunikationsprozesse nicht vereinbart, was zu Missverständnissen und Fehlern führen kann. Insgesamt sollte dennoch nur das Nötigste geregelt werden.

6.42 Quiet Time

Quiet Time ist das systematische Vorsehen von Konzentrationszeit. Siehe dazu auch das Kapitel **Unterbrechungskultur** (Abschn. 2.3.2).
Quiet Time ist eine Methode des neuen Arbeitens und zielt darauf ab, mit konsequent eingeplanten, unterbrechungsfreien Konzentrationszeiten jene Aufgaben zu erledigen, die durch Unterbrechungen besonders beeinträchtigt werden, etwa das Schreiben/Lesen von Reports, Verträgen etc. oder komplexe Vorgänge wie Programmierung u. v. m.
Naturgemäß variiert der Bedarf an Konzentrationszeit nach Aufgabengebiet.

Praxis-Tipp Vereinbaren Sie im Team, dass Konzentrationszeit der anderen zu respektieren ist!

6.43 Schnittstellen-Workshop

Wenn es immer wieder an den gleichen Stellen „hakt" oder immer wieder beim Übergang zwischen zwei Organisationseinheiten gleichartige Schwierigkeiten auftreten, dann kann ein Schnittstellen-Workshop helfen.
Schnittstellen-Workshops dienen der Verbesserung der Zusammenarbeit von Bereichen und zwischen internen und externen Organisations-

einheiten. Ziele sind das Erkennen von Missverständnissen und Ursachen für Problemstellungen und das Verstehen der Arbeitsweise und Kennenlernen der beteiligten Personen. Lösungen werden gemeinsam erarbeitet und Vorgehensweisen vereinbart.

Schnittstellen-Workshops werden von beiden verantwortlichen Führungskräften moderiert oder von einer neutralen dritten Person. Es werden Herausforderungen besprochen, Hintergründe geklärt, und Lösungen erarbeitet, die für beide Seiten machbar sind.

6.44   Skills-Datenbank

Skills-Datenbanken werden für die Erhebung und Darstellung von Fähigkeiten, Talenten (und allenfalls: Eigenschaften) von Personen verwendet. Andere Bezeichnungen sind auch noch Kompetenzmatrix oder Skill-Matrix.

Dabei werden die Kompetenzen der einzelnen Individuen strukturiert erfasst und in einer Datenbank (bei kleineren Einheiten: Tabelle) abgebildet.

Kompetenzen und Fähigkeiten werden auf diese Weise suchbar und erleichtern die Zusammenstellung von Projektteams oder die Entscheidung über die Besetzung von Funktionen.

Vorgehensweise
Für den Aufbau einer Talente-Datenbank oder Kompetenzmatrix wird zuerst eine Zusammenstellung der Kompetenzen erstellt, welche typischerweise in der Organisation vorhanden ist oder sein sollte, ergänzt gegebenenfalls mit Erfahrungen und/oder Interessen.

Achten Sie darauf, die Verwendung und die erhobenen Inhalte mit der Personalvertretung zeitgerecht abzuklären. In vielen Betriebsvereinbarungen bzw. der geübten Praxis ist beispielsweise das Erheben oder Speichern sozialer Kompetenzen (Teamfähigkeit etc.) nicht gestattet. Die Vorteile für Mitarbeitende sollten klar argumentiert werden können, und es sollte keine Benachteiligung einzelner Mitarbeitender ableitbar sein.

		Fachliche Kompetenzen				Fachliche Erfahrung			Soziale Kompetenzen					Andere Fähigkeiten				
		Maschinen-bau	Metallurgie	Geophysik	Kunststoff-Technik	Field Operations	Projekt-Management	Produkt-Entwicklung	Team-Player	Führungs-Talent	Motivator	Mediator	andere	Design-Talent	gut vernetzt	Trouble-Shooter	Interessen	andere
Muster	Clara	•		•	•	•	•	•			•	•	kommuni-kativ, pro-aktiv	•	•		...	...
Beispiel	Peter		•	•		•	•		•	•	•	•	krisenfest		•	•		
Sample	Henry	•					•	•					verlässlich	•		•		

Abb. 6.8 Beispiel-Inhalte für eine Skills-Datenbank

Die gelisteten Fähigkeiten werden gruppiert und (zumeist) mittels Fragebögen erhoben.
Idealerweise wird das jährliche **Mitarbeitenden-Gespräch** (Abschn. 6.36) für die Aktualisierung genutzt (Abb. 6.8).

6.45 Storytelling

Storytelling nutzt die Erkenntnisse über menschliches Lernen, indem Inhalte mittels Geschichten vermittelt werden, um danach durch das Ziehen von Schlüssen die Inhalte besser zu erinnern als mit der Theorie alleine. Auch Wissenstransfer erreicht mit Storytelling bessere Aufmerksamkeit und Wirkung als theoretische Texte.

Storytelling kann vielerorts eingesetzt werden: auf Webseiten, im Intranet, Blogs, News-Artikel, Newsletter, Vorträge, E-Mails, Workshops, Seminare.

Wenn Sie möchten, dass Inhalte erinnert werden: Erzählen Sie eine Geschichte.

Diese Erzählungen müssen nicht lang sein, um Wirkung zu entfalten. Bei Interesse googeln Sie „Six Word Tale" von Ernest Hemingway.

6.46 Trade-off: Weglassen!

Overload! Sie haben zu viele Tools und Methoden. Gemeinsam legen Sie fest, wie Sie sich neu aufstellen, was geht, was bleibt, was neu gemacht wird – und wie alles einfacher wird. Nur zu!

6.47   Trainingspläne/Schulungspläne

Aus- und Weiterbildungspläne legen fest, für welche Personen bzw. Gruppen mit welchen Lernformen (z. B. Präsenz-Seminar, E-Learning, Selbststudium, Job-Rotation, Mentoring, Einarbeitung) welche Aus- und Weiterbildung vorgesehen ist.

Manche Stellen erfordern mehrjährige Ausbildungen oder Prüfungen, bevor sie ausgeübt werden dürfen. Diese Vorlaufzeiten müssen berücksichtigt werden, auch bei Stellvertretungsregelungen: Gibt es mit solchen Spezialqualifikationen nur eine Person im Unternehmen, besteht hohes Risiko beim Ausfall durch Krankheit, Kündigung etc.

Im Idealfall wird die persönliche Weiterentwicklung einmal im Jahr beim **Mitarbeitenden-Gespräch** (Abschn. 6.36) aktualisiert.

6.48   Tutorials, Handbücher, Checklisten

Verfahrensanweisungen und Handbücher beschreiben die für die Erfüllung einer Aufgabe nötigen Arbeitsschritte.

Checklisten sind eine kurze und übersichtliche Handlungsanleitung und niederschwellige Methode, meist in Form einer Punktation.

Verfahrensanweisungen, Handbücher und Checklisten sind einfache Methoden, eignen sich aber sehr gut für die Beschreibung von Standards und wiederkehrenden Arbeitsabläufen, die von verschiedenen Personen gleichartig zu erledigen sind. Sie ergänzen das Prozessmanagement oder sind Teil desselben.

6.49   Vereinbarungen

Bei vielen Themen, die mit Wissensarbeit zu tun haben, gibt es kein „Richtig" oder „Falsch". Zu verschieden sind die Arbeitsbedingungen, Prozesse, Personen, Vorgaben, Rahmenbedingungen, Fachgebiete.

Wie kommen Vereinbarungen hier ins Spiel? Diskutieren Sie ein Thema gemeinsam, z. B. Suchbarkeit und Schnelligkeit des Auffindens, Datei-

namen-Konventionen (Also nach welchem System benennen wir Dateien?),
Neuordnung der Ablage usw. Hören Sie Argumente und kommen Sie gemeinsam auf eine neue Struktur und vereinbaren Sie deren Einhaltung. Diese
wird schon allein deshalb eingehalten, weil sie gemeinsam erarbeitet wurde.
Woran wir mitgewirkt haben, wird auch mitgetragen.

6.50   Walking Meetings

Wenn der Weg zur Arbeit entfällt und nicht mit anderer Bewegung kom-
pensiert wird, so kann dies mannigfaltige nachteilige Wirkungen auf die
physische und psychische Gesundheit haben, von Gewichtszunahme,
Herz-Kreislauf-Erkrankungen bis hin zu Depressionen.

Selbst unter Bedingungen des Lockdowns können Meetings, bei denen
der Fokus auf Gespräch und nicht Präsentation liegt, durchaus auch im
Gehen abgehalten werden. Selbst Video-Konferenzen sind in manchen
Fällen mit Selfie-Stick im Gehen möglich, vielleicht sogar mit ein paar
inspirierenden Schwenks über eine hübsche Ecke im nahegelegenen Park
oder zu dem fröhlichen Terrier, der gerade entgegenkommt. Auch manche Telefonate können mit Kopfhörern im Gehen geführt werden. Suchen und vereinbaren Sie Gelegenheiten für Bewegung.

Die Stadt als Fitnessstudio
Wie in vielen anderen Städten gibt es beispielsweise in Wien seit der Covid-19-
Pandemie ein neues Fitness-Angebot, bei dem Fitnesstrainer Simon Horo-
witz (fitbrit.at) mit Einzelpersonen oder Gruppen (im Freien) trainiert, für
die er abgestimmte Trainingspläne erstellt. Interessierte können auch an
freien Trainingsgruppen ganzjährig im Freien teilnehmen (Zoidl 2021).

6.51   Wiki

Ein Wiki wird dazu verwendet, im Unternehmens-, Abteilungs- oder
Projektkontext gemeinsam Inhalte in Form eines Online-Lexikons abzubilden. Auf diese Art entsteht eine Sammlung nützlicher Informationen.

Der Großteil der Menschen (und damit auch Mitarbeitende) konsumieren passiv Information, ein kleiner Teil verbessert oder korrigiert bereits vorhandene Inhalte. Eine kleine Minderheit schreibt die Masse des Contents. Diese Anteile variieren nach Berufsgruppen, die Wiki-Verwendung gewöhnt sind oder nicht. Das ist weiter kein Problem, es gibt deshalb verschiedene Gestaltungsvarianten, auf die im Folgenden eingegangen wird.

6.51.1 Vorteile und Funktionalitäten von Wikis

- **Versionsgeschichte und Wiederherstellen früherer Versionen**
  Wikis bieten eine Versionsgeschichte: Frühere Versionen können einfach wieder hergestellt werden.
- **Übersichtliche Erstellung komplexer Inhalte**
  Sie kennen die unübersichtlichen Dokumente im Überarbeiten-Modus von Word? Das muss nicht sein. Umfangreiche Dokumente wie Handbücher lassen sich mit Wiki-Software gemeinsam viel übersichtlicher erstellen.
- **PDF-Export**
  Die meisten Wikis verfügen über eine Funktion zum PDF-Export, mit dem Sie ein druckfähiges Dokument erstellen können, das die Navigation zwischen Kapiteln sowohl im Print-Dokument über Kapitel-Verweise als auch im PDF über Hyperlinks automatisch erstellt.

6.51.2 Erfolgsfaktoren und beliebteste Fehler

- **Inhalt unklar**
  Informationssammlungen tendieren dazu, das Weltwissen abzubilden. Legen Sie vorab gemeinsam fest, was Inhalt und was nicht Inhalt sein soll.
- **Vorsicht: Dubletten!**
  Manchmal werden Dokumente, Fotos usw. in Wikis hochgeladen, während sie an anderer Stelle bereits gespeichert sind. Entscheiden Sie, an welcher Stelle die Dokumente gefunden werden sollen und verlinken Sie an allen anderen Stellen nur auf diese Dokumente.

- **Wikis kann man „hochfahren"!**
  Wikis werden von einigen Experten im Grundstock erarbeitet und erst danach für die Bearbeitung durch eine Community freigegeben. Das hat den Vorteil, dass das Wiki bereits beim Freischalten Nützlichkeit und Relevanz erreicht.
- **Wiki-Redaktion**
  Wenn Wissensträger nicht schreiben: Dann interviewen wir sie!
  Vielfach sind singuläre Wissensträger der Flaschenhals der Information, viele warten auf ihre Antworten. Diese Personen reagieren auf das Ansinnen, einen Wiki-Beitrag zu schreiben, allenfalls fast verärgert: „Ich habe ja sonst nichts zu tun." Was zentrale Wissensträger aber oft gut können, ist anderen Inhalte zu erklären. Also wird ein (Junior)-Team-Mitglied die Antworten einholen und daraus einen Wiki-Beitrag texten, der dann nur mehr freigegeben werden muss (siehe auch **Junior-System** (Abschn. 6.26)).

Spezial-Wikis

Wikis können von Spezialisten angelegt werden, die als ausschließliche Autoren fungieren, während alle anderen Nutzer nur Leserechte haben (z. B. Personalmanagement-Wiki: alle Formulare, Anträge, Regelungen, Gehaltstabellen etc. an einer Stelle auffindbar und für die Autoren einfach editierbar).

6.52 Wissensbilanz (Intellectual Capital Reporting)

Wissensbilanzen erfassen intellektuelle Vermögenswerte. Angelehnt an das Konzept der buchhalterischen Bilanz wird das intellektuelle Kapital einer Organisation abgebildet und bewertet. Der Unternehmenswert oder der Wert einer Organisation kann in vielen Fällen überwiegend aus intellektuellem Kapital bestehen und physische Anlagen machen vielleicht nur einen kleinen Teil des Unternehmenswertes aus – etwa bei Consulting-Unternehmen, Agenturen etc. Aber selbst bei Industrieunternehmen stellt sich die Frage: Welchen Anteil am Wert des Unternehmens hat Wissen?

Die Bewertung des intellektuellen Vermögens wird allein schon wegen der Zunahme digitaler Wissensprodukte weiter an Bedeutung gewinnen.

6.52.1 Der Buchwert-Ansatz

Die ursprüngliche Idee für die Wissensbilanz kommt aus der Überlegung, dass künftig sehr viele Unternehmen oder Organisationen in einer stark digitalisierten Wirtschaft über kaum physische Werte verfügen, dennoch aber einen sehr hohen Wert repräsentieren können. Denken wir z. B. an die größten Consulting-Unternehmen der Welt. Deren physische Anlagen sind in Bezug auf den Unternehmenswert vernachlässigbar.

Vorgehen
Bewerten Sie intellektuelle Assets, etwa e-Books oder Online-Kurse, mit einem realistischen Jahresumsatz und unter buchhalterischer Vorsicht.

Leider sind wir in der Steuergesetzgebung noch nicht so weit, dass gültige Regeln für eine Wissensbilanzierung feststehen und somit auf Wissens-Assets Kreditwürdigkeit oder steuerliche Konsequenzen ableitbar sind.

6.52.2 Der Reporting-Ansatz

In Österreich erhalten Universtäten ihre Förderungen vom Ministerium nur dann, wenn eine Wissensbilanz vorgelegt wurde. Dieser Vorgang ist in der Wissensbilanz-Verordnung (WBV) gesetzlich geregelt (Republik Österreich 2019).

Vorgehen
Mitarbeitende führen Listen, welche Arbeiten sie im Umfeld von Wissensgenerierung durchgeführt haben, und wie viel Zeit sie darauf verwendet haben. Diese Zeiten werden mit den Gehältern der Personen bewertet. Einträge können sein: Erstellen eines Projektantrages für Drittmittelfinanzierung, Verfassen eines Berichtes, Befragungen, Vorträge, Vorbereitung der Vorträge, Erstellen von Skripten u. v. m.

Die Wissensbilanz gliedert sich laut WBV in folgende Abschnitte:

I. Qualitative Darstellung der Leistungsbereiche (Leistungsbericht)
II. Quantitative Darstellung der Leistungsbereiche (Kennzahlen)
III. Bericht über die Umsetzung der Ziele und Vorhaben der Leistungs-
vereinbarung (Leistungsvereinbarungs-Monitoring)

6.53 Wissenslandkarte

Eine Wissenslandkarte stellt die Verteilung und Verfügbarkeit von Wissen grafisch oder in Datenbankform dar.

Zuerst werden dabei die Wissensgebiete erhoben und z. B. in Abteilungen und Teams verortet. Die Anzahl der Wissensgebiete kann je nach Größe und Tätigkeitsfeld der Organisation durchaus umfangreich sein. Siehe auch: Abschn. 6.44.

Zu beachten: Steht der Aufwand der Erstellung dem Nutzen angemessen gegenüber (Abb. 6.9)?

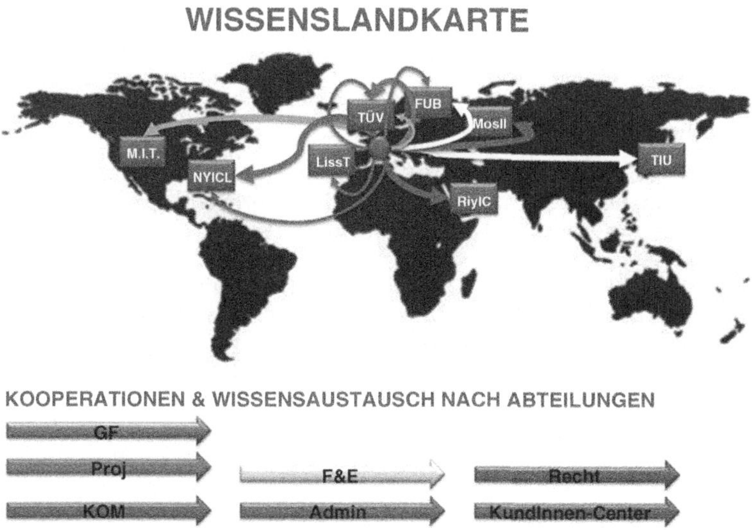

Abb. 6.9 Beispiel für eine Wissenslandkarte

6.54 Wissensrisikoanalyse

Die Wissensrisikoanalyse wird dazu verwendet, wichtiges bzw. erfolgs-kritisches Wissen zu identifizieren und mit einem Risiko zu bemessen, das beim Verlust dieses Wissens entsteht. Bemessen werden auch die Kosten und die Dauer zur Erlangung des Wissens.

Die Wissensrisikoanalyse ist ein Indikator für drohenden Wissensver-lust und hilft diesen zu verhindern, weil durch die Analyse zeitgerecht geeignete Wissenssicherungsmaßnahmen gesetzt werden können. Dabei werden systematisch Aufgaben (nicht Personen) gelistet und mit ihrer Relevanz, einem Ausfallsrisiko, bewertet, mit der Anzahl an Wissens-trägern, mit der Zeitdauer für den Wissensaufbau etc. Die Ergebnisse werden in Risiko-Klassen geteilt: hohes, mittleres, geringes Risiko des Wissensverlustes. Bei hohem Risiko sollten unmittelbar passende Maß-nahmen gesetzt werden.

Basis einer breiter angelegten Wissensrisikoanalyse kann auch noch eine **Altersstrukturanalyse** sein, die zeigt, mit wie vielen Pensionierun-gen in den nächsten Jahren zu rechnen ist.

Passende Maßnahmen aus der Toolbox sind z. B. ein **Expert Debrie-fing** (Abschn. 6.16) oder das **Junior-System** (Abschn. 6.26).

Key Points

- Eine Toolbox verleitet zum Schmökern. Die Auswahl eines Tools ohne das Feststellen eines Bedarfs sollte jedoch vermieden werden. Stellen Sie sicher, dass ein konkreter Bedarf bedient, ein konkretes Problem ge-löst wird.
- Jede Methode, jedes Tool, jedes Format bedarf zuerst eines gewissen Aufwandes der Umsetzung, bevor es seine Wirkungen entfalten kann, und beispielsweise Suchzeiten einspart.
- Nicht zu viel: Priorisieren Sie, starten Sie nicht zu viele Projekte auf ein-mal. Machbare Projekte, die schnell Nutzen stiften (Stichwort „Quick Wins"), erhöhen die Motivation durch rasch sichtbare, erste Erfolge. Bei länger dauernden Projekten bewährt es sich, bei wichtigen Meilensteinen diesen Zwischenerfolg zu feiern.

Literatur

Brown, T. (2019) Change by Design. Revised and Updated. Harper Business. New York.

Daimler, R., Sparrer, I., Varga von Kibéd, M. (2007) Das unsichtbare Netz: Erfolg im Beruf durch systemisches Wissen. Aufstellungsgeschichten. Kösel. München.

Dilts, R. B. (2017) Strategies of Genius. Volume I: Aristotle, Sherlock Holmes, Walt Disney, Wolfgang Amadeus Mozart. Dilts Strategy Group. Scotts Valley/CA.

Eppler, M. J. (2022) An Introduction to Visual Variation for better Leading, Learning and Living: The Powerful Principle for Clear Explanations and Creative Explorations in Business, Society, and Life. Universität St. Gallen – Institut für Medien- und Kommunikationsmanagement. St. Gallen.

Gaudart, A., Herget, J. (2018) Organisationsaufstellungen – eine systemische Methode zur Diagnose von Konflikten, Treibern und Barrieren im Kulturentwicklungsprozess. https://doi.org/10.1007/978-3-658-18565-7_14. In: Herget, J., Strobl, H (2018) Unternehmenskultur in der Praxis. Grundlagen – Methoden – Best Practices. Springer Gabler. Wiesbaden.

Haarmann, A.-R., Burski, L. (2003) Wenn das Wissen geht — Die Wissensstafette bei Volkswagen. Wissensmanagement, 5. Jg., 8/2003. 39–41.

Herget, J., Mader, I. (2008) Persönliches Informationsmanagement: Wege aus der täglichen Informationsflut. Konferenzband, KnowTech 2008. Frankfurt. 483–492.

Horta, A., et al. (2018) Wien mags wissen: Vienna likes to know. The Knowledge Management Strategy of a City of Knowledge': From Project Order to Implementation. Konferenzbeitrag. In: Remenyi, D (Hrsg.) 4th Knowledge Management and Intellectual Capital Excellence Awards. An Anthology of Case Histories 2018. 55–72.

Kotter, J. (2012) Leading Change. Harvard Business Review Press. Boston.

Lutz, B. (2017) Modelle für die verständliche Fachkommunikation. trans-kom 10 (3). 284–314. https://www.trans-kom.eu/bd10nr03/trans-kom_10_03_02_Lutz_Verstaendlichkeit.20171221.pdf

Lutz, B. (2015) Verständlichkeitsforschung transdisziplinär. Plädoyer für eine anwenderfreundliche Wissensgesellschaft. V&R unipress. Göttingen.

Republik Österreich (2019) Verordnung des Bundesministers für Wissenschaft, Forschung und Wirtschaft über die Wissensbilanz (Wissensbilanz-Verordnung

2016 – WBV 2016), BGBl. II Nr. 97/2016 in der geltenden Fassung von 2019, letzte Novelle BGBl. II Nr. 307/2019.

Tufte, E. R. (2001). The Visual Display of Quantitative Information. 2. editierte Auflage. Graphics Press. Cheshire.

Wehling, E. (2019) Politisches Framing: Wie eine Nation sich ihr Denken einredet – und daraus Politik macht. 4. Auflage. Herbert von Halem Verlag/ Ullstein. Köln.

Willink, J., Babin, L (2017) Extreme Ownership: How U.S. Navy SEALs Lead and Win. St. Martin's Press. New York.

Zoidl, F. (2021) Kampf der Couch: Welche Bewegung uns gesund hält. Der Standard, Leben Spezial 5/6.6.2021: 1–2.

7

Best Practice: Knowledge-Excellence-Fallstudien

7.1 Umsetzung im Konzern-Umfeld: Otto Group

Die Otto Group ist ein deutscher Handels- und Dienstleistungskonzern mit über 50.000 Mitarbeitenden, mit Sitz in Hamburg und einer Vielzahl von Tochterunternehmen und Marken. Die Otto Group gehört mit einem Jahresumsatz von 9,9 Milliarden Euro zu den größten Onlinehändlern weltweit. Der Gesamtkonzern erreicht einen Umsatz von 15,6 Milliarden und ist mit 30 wesentlichen Unternehmensgruppen und über 100 Konzerngesellschaften in mehr als 30 Ländern Europas, Nord- und Südamerikas und Asiens präsent.

2017 begann der Bereich Otto Group Knowledge Management mithilfe externer Begleitung mit der Adaptierung des Knowledge-Excellence-Self-Checks, um die Bedarfe des Konzerns hinsichtlich Verbesserung der Zusammenarbeit spezifischer abzubilden.

Danach wurde die Toolbox passend zum adaptierten Self-Check zusammengestellt mit einem Fokus auf Kollaboration, Wissensmanagement und neues Arbeiten.

© Der/die Autor(en), exklusiv lizenziert an Springer-Verlag GmbH, DE, ein Teil von Springer Nature 2023
I. Mader, *Wissensmanagement erfolgreich umsetzen*, Beratung im Fokus,
https://doi.org/10.1007/978-3-662-66763-7_7

Der Self-Check wurde sodann mittels modularen Workshops, die konzerninterne Wissensmanagerinnen und Wissensmanager leiteten, im gesamten Konzern angeboten.

Durch die Breite der Themen des „FIT2COLLABORATE" Self-Checks, wie dieser intern heißt, können mit großer Flexibilität für die verschiedensten Herausforderungen individuelle Lösungen mit der Tool-Selektionshilfe (oder) in anschließenden Maßnahmenworkshops abgeleitet werden. Der Self-Check folgte deshalb auch dem Prinzip: Flexibilität durch Modularität.

Das konsequente Engagement unter dem Motto „Share & Grow" zahlt sich bis heute aus. Auf der Konzern-Homepage wird das Wissensmanagement im New-Work-Kontext der Otto Group auf den Karriereseiten als einer der Vorzüge des Konzerns geführt. Zu Recht: Hier ist eine zukunftsorientierte und nachhaltige Best-Practice-Initiative gelungen, die Wissensmanagement und New Work auf praktische und inspirierende Weise verbindet.

ottogroup.com – Karriere – Knowledge Management

7.2   Umsetzung ÖBB-Konzern (Österreichische Bundesbahnen)

Anfang 2018 begannen die ÖBB im Zuge des Generationenmanagements mit der Entwicklung eines internen Ausbildungsprogrammes zum Thema Wissenstransfer. Es beinhaltet verschiedene Instrumente und Methoden und zielte auch auf die Sensibilisierung für das Thema im Konzern ab.

Mit einem Team aus allen Teilgesellschaften, der Zentrale und mit externer Begleitung wurden die Bedarfe identifiziert und der Knowledge-Excellence-Self-Check erstellt. und eine darauf abgestimmte Toolbox entwickelt.

Parallel dazu wurde ein Ausbildungsprogramm für sogenannte Wissenstransfer-Coaches implementiert. In allen Konzerngesellschaften wurden und werden seitdem Expertinnen und Experten für Wissenstransfer geschult, die in ihren Teilkonzerngesellschaften den **Wissenstransfer** im Rahmen von **Expert Debriefings** (Abschn. 6.16) zwischen ausscheidenden und neuen

Schlüsselkräften begleiten. Auf diese Weise kann das reiche, implizite Erfahrungswissen an künftige Mitarbeitenden-Generationen auf effiziente und wertschätzende Art weitergegeben und sichergestellt werden, dass auch Wissen transferiert wird, das selbst bei länger überlappenden Einschulungsphasen oft nicht ans Tageslicht kommt. Die gezielte Fragetechnik, die die Wissenstransfer-Coaches erlernen, hilft dabei, diese Wissensschätze zu heben.

Im dritten Jahrgang entsteht derzeit gerade eine **Community of Practice** (Abschn. 6.7) der Wissenstransfer-Coaches. Inzwischen ist ein konzernübergreifendes, kommunikationsbasiertes Netzwerk im Konzern entstanden, das laufend wächst und gepflegt wird, um effiziente Austauschstrukturen zu etablieren.

7.3 Umsetzung in der öffentlichen Verwaltung: Magistrat der Stadt Wien – „wien mags wissen"

Die Stadt Wien versteht Wissen als die Schlüsselressource des 21. Jahrhunderts. Damit ist es aus ihrer Sicht erforderlich, den Umgang mit Wissen laufend weiterzuentwickeln. Daraus resultierte im Dezember 2012 der Auftrag der Magistratsdirektion zur Erarbeitung einer Wissensmanagement-Strategie für den Magistrat der Stadt Wien. Die Initiative wurde von Beginn an immer wieder extern fachlich begleitet und folgt dem Knowledge-Excellence-Modell. Alle Inhalte wurden konsequent von den internen Teams erarbeitet.

Das Projekt wurde vielfach publiziert (Mader und Biwald 2014; Mader und Horta 2016; Horta et al. 2016, 2017, 2018) und bei einer Reihe internationaler Wissensmanagement-Konferenzen präsentiert, mehrfach in Deutschland und Österreich, aber unter anderem auch in Oxford und in Italien.

1. Strategieprojekt und Pilot

In einem Strategieprojekt der Magistratsdirektion beteiligten sich Mitarbeitende aus unterschiedlichen Bereichen und Hierarchieebenen des Magistrats. Nach einem Wissensmanagement-Briefing und einem Kick-off-Workshop wurde vom Projektteam der interne Bedarf mit einer Analyse festgestellt, der Self-Check-Fragebogen an die Strategie der Organisation angepasst, die Toolbox gemeinsam zusammengestellt und kollaborativ getextet, eine Knowledge Governance erarbeitet und ein erster Pilot-Durchlauf in sieben Dienststellen durchgeführt. Diese Dienststellen probierten den gesamten Durchlauf des Knowledge-Excellence-Prozesses aus.

2. Pilot – Zusammenstellung eines internen Bewertungsteams pro Dienststelle

In den Dienststellen wurden breit aufgestellte Teams zusammengestellt, unterstützt durch die Führung. Bei der Zusammensetzung des Teams wurde darauf geachtet, dass die Teammitglieder Wissens- und Informationsstrukturen der Dienststelle bzw. für eine bestimmte Organisationseinheit bewerten können.

3. Pilot – Gemeinsamer Kick-off-Workshop und Follow-up-Workshop für alle Bewertungsteams

Der moderierte Kick-off-Workshop startete mit einem Briefing zu Wissensmanagement, zur Initiative „wien mags wissen" und zum Knowledge-Excellence-Prozess. Im nächsten Schritt arbeiteten die Teams den Self-Check durch, priorisierten die Ergebnisse, formulierten für die priorisierten Themen spezifische Ziele und sammelten Ideen für passende Maßnahmen. Danach gingen die Teams zurück in ihre Dienststellen und stimmten die Ergebnisse vor Ort ab. Nach einem Monat folgte ein Follow-up-Workshop mit allen Bewertungsteams, bei dem Fragen und Erfahrungen diskutiert sowie die weitere Vorgehensweise erarbeitet wurden. Damit wurde auch das Lernen voneinander unterstützt.

4. Pilot – Umsetzung in sieben Dienststellen

Zurück in den Dienststellen wurden die Ergebnisse mit den Abteilungsleitungen abgestimmt und danach gingen die geplanten Maßnahmen, gemeinsam mit den Mitarbeitenden vor Ort, in die Umsetzung. Mitunter wurde im Laufe der Umsetzung eine Anpassung erforderlich, Organisationsänderungen oder andere Ereignisse veränderten die Prioritäten, sodass in einigen Fällen andere Maßnahmen erforderlich wurden oder manches nicht oder anders als geplant durchgeführt wurde.

Dazu ist zu sagen: Zentrale Überlegung im Wissensmanagement ist die optimale Passung. Wenn also Dinge passieren, die ursprünglich gewählte Maßnahmen nicht mehr sinnvoll erscheinen lassen, dann wird der Bedarf neu evaluiert und entsprechend andere Methoden werden gewählt.

5. Pilot – Lessons Learned
Nach einem Jahr kamen die Bewertungsteams zu einem **Lessons-Learned**-(Abschn. 6.32)-Workshop zusammen, bei dem Ergebnisse präsentiert, die Erfahrungen des vergangenen Jahres ausgetauscht und zusammengetragen sowie die Vorgehensweise evaluiert wurden.

6. Übergabe in die Linie: Die Rollout-Zyklen
Die Initiative wurde nach der Pilotphase in die Linie übergeben und von der Personaldirektion für alle Magistratsabteilungen ausgerollt. Die Rollout-Zyklen sahen den gleichen Ablauf vor wie der Pilot: Bilden von Bewertungsteams innerhalb der Dienststelle, Kick-off-Workshop (jeweils für vier bis acht Dienststellen gemeinsam), nach einem Monat Follow-up-Workshop, dann Umsetzung – und nach einem Jahr dann ein Lessons-Learned-Workshop zum Reflektieren der Ergebnisse. Für alle Dienststellen wurde jeweils ein Kurzbericht über deren Wissensmanagement-Aktivitäten erstellt, der im Intranet abrufbar ist und zusätzlich im regelmäßig erscheinenden, internen Wissensbericht der Stadt Wien sichtbar gemacht wird. Darunter sind Projekte oder Maßnahmen mit Nützlichkeit und Lösungen für die unmittelbaren Herausforderungen der jeweiligen Dienststelle, aber auch welche, die von anderen Magistratsabteilungen übernommen wurden (beispielsweise der **Business Talk** (Abschn. 6.5), eine Erfindung der IT-Abteilung der Stadt Wien).

7. Die Community of Practice: das Wissensnetzwerk
Die CoP wurde mit jedem Rolloutzyklus erweitert und dadurch sukzessive aufgebaut. Ihr Ziel ist, die Dienststellen bei der Umsetzung der Wissensstrategie der Stadt Wien in die Praxis zu unterstützen. Alle am Projekt Mitwirkenden sowie die Mitglieder aller Bewertungsteams sind Teil der **Community of Practice** (Abschn. 6.7) und werden zu den mehrmals pro Jahr stattfindenden Treffen eingeladen.

8. Post-Rollout-Wissensmanagement Alltag: Workshops, Seminare und Community
Nachdem die Initiative „wien mags wissen" nun auf alle Magistrats-abteilungen der Stadt ausgerollt wurde, gibt es für neu hinzugekommene Mitglieder von Bewertungsteams, für Führungskräfte und Personalfach-leute spezielle Seminarangebote.

Die Community of Practice treibt die dienststellenübergreifende Zu-sammenarbeit, das Lernen voneinander und die Weiter- und Neuent-wicklung von Methoden, immer orientiert an den ganz konkreten Herausforderungen und Bedarfen.
    Dieses Fallbeispiel zeigt deutlich, dass nicht nur das Erreichen von nachhaltigem Nutzen für die Organisation, sondern auch internationale Anerkennung aus einem konsequenten Investment resultieren. Unter-nehmen der Privatwirtschaft nehmen immer wieder Anleihen an diesem erfolgreichen Umsetzungsprojekt.

7.4 Knowledge Excellence in der Industrie: Leitz Austria

Sommer 2017 in Riedau in Oberösterreich, am Standort der Österreich-Zentrale der Leitz-Gruppe. Ein Team aus allen Bereichen des Hauses, in-klusive Geschäftsführer, sitzt zusammen und entwickelt in einem Workshop mit externer Begleitung einen Self-Check für Wissensmanagement entlang der Gesamtstrategie und entlang der (jährlich angepassten) Ziele.
    Einmal im Jahr werden einzelne Fragen weiterhin angepasst und jedes Jahr eine erneute Bewertung im Rahmen des Qualitätsmanagements durchgeführt. Wissensmanagement ist entsprechend der ISO Zerti-fizierung des Unternehmens ein Standard des Qualitätsmanagements und wird mit diesem gemeinsam bewertet und betrieben (Abb. 7.1).
    Die erreichten Werte und umgesetzten Projekte werden in einem – selbst für Industriebetriebe vorbildlichen – Reifegrad-Modell und Kenn-zahlen-System dargestellt, sodass Verbesserungen über mehrere Jahre hindurch verfolgt werden können. Der Self-Check erhielt mehrere Sek-tionen: Strategie, Controlling, Methoden, Organisation, Positionierung, Produkte und Prozesse, die nach einem einheitlichen Reifegrad-Modell

Abb. 7.1 Das Leitz-Werk in Riedau. (Gedruckt mit freundlicher Genehmigung der Leitz GmbH & Co. KG)

bewertet werden. Dabei ist in allen Phasen sichtbar, welcher Reifegrad der Zielwert ist und wo man sich in der Einstufung gerade befindet. Zu allen Bereichen wurden Wissensmanagement-Fragen formuliert und jährlich werden je nach Bewertung passende Maßnahmen abgeleitet.

Die deutsche Leitz-Gruppe ist Weltmarkt- und Technologieführer bei Präzisionswerkzeugen zur professionellen Holz- und Kunststoffbearbeitung und wird als eine der „Marken des Jahrhunderts" geführt (Langenscheidt 2021).

Der Standort in Riedau/Oberösterreich wurde 1961 gegründet. www.leitz.at

7.5 Umsetzung KMU/Gewerbe: rauhofer Elektrotechnik

Das Unternehmen rauhofer Elektrotechnik besteht seit 1946 und wird derzeit in der dritten Generation sehr erfolgreich als Qualitätsanbieter geführt. rauhofer ist spezialisiert auf Elektroinstallation, Kommunikationstechnik, Sicherheitstechnik und erneuerbare Energie und bietet Planung, Durchführung und Anlagen-Wartung an. Beeindruckende Referenzen (die Webseite ist sehenswert: www.rauhofer.at) sind insbesondere die zahllosen Großprojekte und Spezialprojekte, die sich wie das Who is Who Österreichs lesen, z. B. jene der Kapuzinergruft (die letzte Ruhestätte der ehemaligen österreichischen Kaiser), der Stephansdom, das Hotel Sacher, moderne Architektur-Projekte, wie jenes des neuen Steirereck Hauben-Restaurants, und die Liste geht bis hin zu Industrieanlagen-Neubauten.

Der modern und international erfahren geführte Betrieb in Wien 23 unternahm ab 2017 eine Adaptierung des Firmengebäudes und der gesamten Tätigkeit nach New-Work-Prinzipien. Ein aus allen Unternehmensbereichen zusammengestelltes Bewertungsteam, gemeinsam mit dem Geschäftsführer und externer Begleitung, erhob die Bedarfe, arbeitete den Self-Check durch, priorisierte und erarbeitete eine ganze Reihe von Maßnahmen inklusive Umbauten, räumlicher Umgestaltung und Anordnung, teilweise neuer Möblierung und Raumaufteilung sowie eine ganze Reihe von Vereinbarungen darüber, wie man intern miteinander arbeiten wollte. Es wurden Maßnahmen gesetzt etwa zum Thema Unterbrechungskultur, FAQs, Neuordnung des Dokumentenmanagements, Dateinamen-Konventionen, SMS-Kultur, Kommunikationsformate und einige neue und veränderte Prozesse. Es wurden aber auch einige davor strukturierte Kern-Prozesse aufgebrochen und in die Selbststeuerung von Teams übergeben, wie etwa die Koordination von Montageterminen.

Nach der Umstellung im Rahmen des New-Work-Projektes ist neues Arbeiten bei rauhofer Elektrotechnik zum gelebten Alltag geworden und wird auch Jahre später am neuen Standort noch zur Zufriedenheit aller praktiziert.

7.6 Wissensmanagement im Stadtfernsehen und in den Wohnungen von Mozart und Hundertwasser

Die **Wien Holding** ist ein Unternehmen, das ein sehr breites Unternehmensportfolio hält, von den Vereinigten Bühnen Wien über die Therme Wien und den Hafen Wien bis hin zu zwei großen Wohnbau-

Errichtungsgesellschaften, ARWAG und Gesiba (www.wienholding.at). Entsprechend divers ist die Belegschaft zusammengesetzt.

Das Wissensmanagement-Projekt wurde idealtypisch von Mitarbeitenden aus allen Teilen des Konzerns entwickelt, die Self-Check-Fragen gemeinsam entlang der Konzernstrategie abgestimmt und schließlich für alle Konzernunternehmen ausgerollt. Dabei wurde als eine der Maßnahmen für den gesamten Konzern ein **Business Talk** (Abschn. 6.5) eingeführt, der inzwischen im dritten Jahr stattfindet. Seit dem zweiten Business Talk wird das Format auch immer wieder im **Wiener Stadtfernsehen W24** berichtet. Die Themen, Talk-Gäste und Locations wechseln zwischen fachlichen Inhalten wie Verhaltensökonomie, agilem Management oder positiver Psychologie und Themen zur Stadt, etwa zur Stadtentwicklung. Auch experimentelle Formate sind dabei, wie etwa das der begehbaren Powerpoint-Präsentation, durchgeführt auf der **Probebühne des Ronacher Musical-Theaters**, das auch zur Wien Holding gehört. Andere interessante Locations waren das Dach des **Ringturms**, der **thinkport VIENNA** (ein güterlogistisches Innovationszentrum mit Forschungsprojekten zum autonomen Fahren in der Hafenlogistik etc.) oder im agilen Software-Entwicklungs-Labor und Co-Working Office **PACE** der Stadt Wien.

Die Geschäftsführung engagiert sich bei allen Terminen persönlich, begrüßt, führt ein, diskutiert mit. Während der Covid-19-Pandemie wurde das Format umgestellt und wird seitdem von **W24**, dem Wiener Stadtfernsehen, gestreamt. Mitdiskutiert wird weiterhin – also TV mit Live-Beteiligung der Zuseherinnen und Zuseher. Die Streams und Berichte sind weiterhin online über das interne Wissensportal der Wien Holding, aber auch über das Internet abrufbar. Bei Interesse googeln Sie einfach „business talk wien holding w24".

Im Gefolge der Einführung von Wissensmanagement in der Wien Holding wurde auch ein **Leitbild-Prozess** (Abschn. 6.31) im **Mozarthaus Vienna** angestoßen. In mehreren Runden traf sich eine Auswahl von Mitarbeitenden aus allen Bereichen sowie der Geschäftsführer, der Prokurist und die Personalchefin dieses Kulturbetriebes (das Haus wird als aktiver Museumsbetrieb geführt). Gemeinsam wurden Grundsätze definiert, von Mozarts Vision und Haltung abgeleitet und in umsetzbare Handlungsprinzipien gegossen. Zwei der Workshops fanden in der ehemaligen Wohnung von Meister Friedensreich Hundertwasser am Dach des **KUNST HAUS WIEN** statt, was der Inspiration noch zusätzlich förderlich war. Die Begleitung dieses Prozesses war ein sehr bereicherndes Erlebnis.

Das inspirierende Ergebnis dieses Prozesses finden Sie zum Nachlesen über Google „Mozarthaus Vienna Leitbild" oder über diesen Link: https://www.mozarthausvienna.at/de/KONTAKT/Leitbild.

Key Points

- Unabhängig von der Unternehmensgröße, der Branche oder dem Sektor erlaubt die systematische und Community-basierte Vorgehensweise des Knowledge-Excellence-Modells, Bedarfe zu erkennen und nach Priorität Lösungen zu finden und auszurollen.
- Alle Beispiele zeigen deutlich, wie zentral die Bedeutung des Durchhaltens ist. Alle Projekte wurden nach dem Aufsetzen in die Alltagsprozesse integriert und langfristig betrieben.
- Der Self-Check des Knowledge-Excellence-Modells, regelmäßig wiederholt, erlaubt es Organisationen, über viele Jahre auf immer höherem Niveau Verbesserungen voranzutreiben und gleichzeitig die bereichsübergreifende Kollaboration als einen Standard neuer Arbeitsweise zu etablieren.

Literatur

Mader, I. Biwald, M. (2014) wien mags wissen: Die Wissensmanagement-Strategie der Stadt Wien. In: Lutz, Benedikt (Hrsg.): Wissen verändert. Beiträge zu den Kremser Wissensmanagement-Tagen 2014. Edition Donau-Universität. 115–124.

Mader, I.; Horta, A. (2016) wien.mags.wissen. Wie Wissensmanagement vom Projekt in die Linie kommt. Erfahrungen und Empfehlungen. Konferenzbeitrag. In: Wimmer, Petra (Hrsg.): Wissen schafft Neues. Beiträge zu den Kremser Wissensmanagement-Tagen 2016. Edition Donau-Universität. 91–98.

Horta, A.; Mader, I.; Schultz, P. (2016) „Wien Mags Wissen" – The Knowledge Management of the City of Vienna. Procedia Computer Science, 99 12/2016, 220–222. https://doi.org/10.1016/j.procs.2016.09.115

Horta, A., Sattelberger-Socher, S., Weinke, U., Mader, I. (2017): Vienna likes to know. Knowledge Management Strategy Of A 'City Of Knowledge': From

The Project Order To Implementation. Revista Vasca de Gestión de Personas y Organizaciones Públicas, 1/20817, 80–89.

Horta, A., et al. (2018) Wien mags wissen: Vienna likes to know. The Knowledge Management Strategy of a City of Knowledge': From Project Order to Implementation. Konferenzbeitrag. In: Remenyi, D. (Hrsg.) 4th Knowledge Management and Intellectual Capital Excellence Awards. An Anthology of Case Histories 2018. 55–72.

Langenscheidt, F. (2021) Deutsche Standards – Marken des Jahrhunderts 2022. Prestel Verlag. München.

8

Wissen und Arbeit: Ausblick und Resümee

Wir können eine neue Welt nicht mit einer alten Landkarte navigieren.
Terence Mauri (Mauri 2022)

Neben Frithjof Bergmann schrieben viele weitere renommierte Autoren zur Neugestaltung der Arbeitswelt. Eine Auswahl praxisrelevanter Beispiele wird in der Folge hier vorgestellt.

8.1 Reinventing Organizations: Frederic Laloux

Frederic Laloux empfiehlt eine Abkehr von reaktiven, inhumanen, konformistischen, siloartigen, überregulierten, opportunistischen, vereinnahmenden, meritokratischen, mechanistischen, fatalistischen und basisdemokratischen Organisationen.

Akzeptabel nach Laloux wären eine pluralistische, dezentralisierende, von Werten getragene, inspirierende Organisationen mit Stakeholder- statt Shareholder-Perspektive und/oder familiärer Struktur (Laloux 2014).

I. Mader, *Wissensmanagement erfolgreich umsetzen*, Beratung im Fokus,
https://doi.org/10.1007/978-3-662-66763-7_8

165

Als eines der Vorzeigebeispiele nennt Laloux die niederländische Haus-krankenpflege-Organisation **Buurtzorg**. Krankenpfleger Jos de Blok startete Buurtzorg 2006 mit 400 Euro und inzwischen macht sie mit über 10.000 Mitarbeitenden einen Jahresumsatz von über 500 Millionen Euro und unter-hält Partnerschaften in 25 Ländern weltweit. Buurtzorg besteht aus einem Netzwerk an regionalen Teams. Erreicht ein Team mehr als 12 Mitglieder, wird es geteilt. Die Mitarbeitenden rekrutieren ihre jährlich ca. 1200 neuen Kolleginnen und Kollegen selbst. Es gibt keine HR-Abteilung. Buurtzorg wurde bisher fünfmal als Arbeitgeber des Jahres ausgezeichnet.

Die durchschnittlichen Overhead-Kosten liegen in den Niederlanden zwischen 25 und 30 Prozent. Bei Buurtzorg machen sie nur acht Prozent aus. Die Differenz wird in die bessere Bezahlung der Mitarbeitenden in-vestiert (vgl. Moore 2019).

8.2   The Age of Agile: Stephen Denning

Denning zeigt ohne Methodengläubigkeit, was Agilität bedeutet. Die als agil bekannten Methoden Scrum oder etwa Kanban tragen eine bestimmte Struk-tur, Abläufe, Terminologie und Rollenbilder bei, Denning begreift Agilität jedoch in viel weiterem Sinne. In seiner Interpretation ist Agilität ein grund-legendes Prinzip des Managements, das von Begrifflichkeiten oder starren Rollenbildern unabhängig bleiben sollte (Denning 2018).

Er definiert dazu drei grobe Regeln:

Das Gesetz des kleinen Teams: Kleine Teams entwickeln zuerst einen funktionsfähigen Prototyp und stellen selbstorganisierend ihr Projekt in laufender Abstimmung mit dem Auftraggeber fertig. Die Rolle von Führungskräften ist dabei, die nötigen Ressourcen bereitzustellen und Probleme aus dem Weg zu räumen.

Das Gesetz des Kunden: Die radikale Kunden-Orientierung definiert Denning so, dass rasche und flexible Reaktion auf plötzliche Marktver-änderungen möglich sein sollte.

Das Gesetz des Netzwerks: Es geht um nichts weniger als das barrierefreie Zusammenarbeiten über Hierarchieebenen und Abteilungsgrenzen hin-weg. Denning argumentiert, dass sich in diesem Punkt die Organisationen am schwersten tun.

8.3 Redesigning Work: Lynda Gratton

Für die Neugestaltung der Arbeit nach der Pandemie empfiehlt Lynda Gratton, eine individuelle Passung von Arbeitsbedingungen zu entwickeln (Gratton 2022).

Gratton unterrichtet an der London Business School, gilt als „Rock-Star"-Professorin und ist eine der internationalen Thinkers50-Management-Vordenker.

Gratton empfiehlt folgende Vorgehensweise für die „Rückkehr zu einer neuen Normalität":

Understand: Die aktuellen Herausforderungen sollen zuerst **verstanden** werden.

Reimagine: Herangehensweisen und Prozesse auf kreative Art **neu denken**.

Model and Test: Operationalisieren, d. h. wie setzen wir das in unserer Organisation um?

Act and Create: Handeln und Gestalten auf der Basis zeitgemäßer Prinzipien (Gratton 2022).

8.4 Beyond Budgeting

Im Konzept von Beyond Budgeting liegt ein Schlüssel auch für andere Konzepte des neuen Arbeitens: Arbeitsweisen folgen Budgetstrukturen. Wenn Ergebnisse entlang von Abteilung und deren Budgets gemessen werden, dann wird die Abteilungsleitung darauf achten, nicht zu viel Zeit ihrer Mitarbeitenden an Projekte anderer Abteilungen zu delegieren. Bringt eine Abteilung viele Top-Performer hervor, die dann in Projekten anderer Abteilungen eingesetzt werden, können sie in ihrer eigenen Abteilung nicht zum Ergebnis beitragen. Selbst wenn Nachbesetzung budgetär möglich wäre, würden Abteilungen, die besonders leistungsfähige Mitarbeitende hervorbringen, mit schlechten Ergebnissen, hoher Fluktuation und Einschulungsfrequenz „bestraft".

Wie kann Beyond Budgeting hier helfen?

Der Ansatz des Beyond Budgeting entstand aus der Idee, dass Budgetierung entlang der arbeitsteiligen, industriegesellschaftlichen Modelle auch deren Arbeitsweise einzementiert. Beyond Budgeting entstand aus der Zusammenarbeit von über 20 Unternehmen, darunter die schwedischen Handelsbanken, IKEA, Schneider Electric oder Borealis. Heute gehören auch Google, Southwest Airlines, Toyota, Aldi u. v. m. zum Beyond Budgeting Round Table, der als Verein organisiert ist.

Die Beyond-Budgeting-Unternehmen lösen das Hierarchieproblem durch zwei Prinzipien: Führungsprinzipien und Prinzipien des Performance Managements. Performance wird bei Beyond Budgeting nicht nach Abteilungen, sondern basierend auf der Teamleistung gemessen und belohnt, es gelten keine fixen Ziele, sondern es wird kontinuierliche Verbesserung angestrebt. Geplant wird nicht einmal jährlich, sondern dauernd, Zusammenarbeit und Ressourcen werden dynamisch nach Bedarf koordiniert, nicht nach Zyklen oder Abteilungen. Indikatoren sind relativ und nicht absolut gestaltet, beurteilt werden Trends statt Soll-Abweichung (Hope und Fraser 2003; Bogsnes 2016).

8.5   Das RenDanHeYi-Modell: Zhang Ruimin/Haier

Das RenDanHeYi-Modell wurde begründet von Zhang Ruimin, dem Chef des chinesischen Hausgeräteherstellers Haier, den er mit seinem Konzept von einem ursprünglich konkursreifen Unternehmen zuerst in die Top-100-Brands der Welt führte. Seit 2009 ist Haier Weltmarktführer bei Haushaltsgroßgeräten. Haier übernahm in dieser Zeit auch angeschlagene Hausgerätesparten wie jene von General Electric und führte sie auf Erfolgskurs (Steiber 2022).

RenDanHeYi ist ein Kunstwort: „Ren" bezieht sich auf jeden Mitarbeitenden, „Dan" steht für die Bedürfnisse jedes Einzelnen, und „HeYi" verbindet diese beiden Ebenen.

Zhang Ruimin machte aus einem traditionell-hierarchischen Unternehmen ein Netzwerk von Mikro-Unternehmen. Das mittlere Management fiel weg und kleine Einheiten kümmern sich selbstorganisierend um ihre Aufgaben, koordinieren und arbeiten mit anderen Mikro-Unternehmen des Konzerns zusammen.

Die Plattform der Zusammenarbeit, die entstanden ist, involviert nicht nur Beschäftigte, sondern auch Kunden und Lieferanten. Aus einer Zusammenarbeit mit Samsung und Apple entstand eine App-basierte Steuerung für Klimaanlagen, die nicht nur die Geräte von Haier fernsteuern kann, sondern auch jene anderer Hersteller (Kleiner 2014; Xin 2021; Yangfeng 2018).

8.6 Holacracy: Brian Robertson

Das Konzept der Holacracy (Deutsch, wenig gebräuchlich: Holokratie) basiert auf der Idee der selbststeuernden Entscheidungsfindung in Teams. Das Konzept wurde von Brian Robertson (2016) entwickelt und ähnelt der Soziokratie (Selbstorganisation auf der Basis der Systemtheorie). Zur Holacracy gibt es ein ausgeklügeltes, umfangreiches Regelwerk als Grundlage, die sogenannte Holacracy Constitution (Holokratie-Verfassung), die laufend weiterentwickelt und im Rahmen einer Open-Source-Lizenz online gratis zur Verfügung gestellt wird.

Einer der Kritikpunkte an Holacracy ist, dass Hierarchie zwar konzeptionell abgeschafft sein kann, sich aber dennoch immer eine informelle Hierarchie ausbildet, insbesondere auch deshalb, weil Menschen unterschiedlich (und eben nicht gleich) sind.

Nur einige wenige Unternehmen und Non-Profit-Organisationen verwenden diese Organisationsform, einige ließen sie öffentlichkeitswirksam wieder fallen.

Bis heute hat sich Holacracy zwar als Philosophie, aber nicht breit in der allgemeinen Praxis durchgesetzt, vielleicht auch, weil eine rigide Organisationsform (Hierarchie) durch eine andere rigide Organisationsform (keine Hierarchie mit einer Vielzahl an Regelungen) ersetzt wird, die dem Menschsein selbst genauso fremd ist.

Wir Menschen brauchen wahrscheinlich viel weniger Regeln als wir denken, um unser Potenzial und das unserer Organisationen zu entfalten.

8.7 Humanocracy: Gary Hamel & Michele Zanini

Gary Hamel und Michele Zanini liefern mit diesem Beitrag einen leidenschaftlichen Appell und eine Anleitung zum Abbau interner Bürokratie und einen Weg, die Belegschaft mitzureißen und auf einen dynamischen Weg zu einer zukunftsfähigen, inspirierten und menschlichen Organisation mitzunehmen.

Die Autoren liefern viele wissenschaftliche Grundlagen und Beispiele und orientieren die Organisation von morgen an Teilhabe, Märkten, Meritokratie, Community, Offenheit, Experimentierfreudigkeit und daran, vor dem Paradoxen keine Scheu zu haben, sondern es bewusst zu suchen (Hamel und Zanini 2020).

8.8 Die Netzwerkorganisation: Knowledge Excellence in der Praxis

Die Netzwerkorganisation ist dadurch definiert, dass einzelne Einheiten flexibel in einem Netzwerk zusammenarbeiten, in häufig wechselnden Zusammensetzungen, so wie es gerade nötig ist. Einzelne Teams mit unterschiedlichen oder gleichen Aufgaben arbeiten dabei flexibel zusammen.

Netzwerke haben nicht notwendigerweise eine flache oder keine Hierarchie. In Netzwerken kann auch eine sehr klare Hierarchie etabliert sein. Verschiedene Tätigkeiten lassen sich vermutlich nach dem hierarchischen Modell besser organisieren, andere gelingen in einer Netzwerkstruktur besser. General Stanley McChrystal demonstriert in seinem Buch „Team of Teams", dass das Übereinanderlegen beider Strukturen sehr gut funktionieren kann (McChrystal et al. 2015).

> **Wichtig**
>
> Mit dem Knowledge-Excellence-Vorgehen etablieren Sie Netzwerke und Communities, die bereichsübergreifend an einer Sache arbeiten.
>
> **Vorteile von Netzwerken:** Durch gemeinsames Handeln werden Verständnis und Vertrauen aufgebaut sowie nachträgliche, langwierige Streitereien vermieden. Komplexe Problemstellungen können mit breit gefächerter Expertise besser beurteilt werden als von zwei Einzelpersonen.
>
> **Vorteile der Linienstruktur:** Wenn wir jedes Mal ein Community-Meeting abhalten, wenn ein kniffliger Fall in der Lohnverrechnung auftritt, werden wir uns selbst lahmlegen.
>
> **Heute geht es also um Methoden-Kompetenz: Welche Methode eignet sich wofür?**

Als Nächstes sehen wir uns die Entwicklung zur Netzwerkgesellschaft im Verlauf an, um die Mechanismen noch etwas besser zu verstehen.

Die Netzwerkgesellschaft
Im Laufe der historischen Entwicklung folgte die Struktur von Organisationen der gesellschaftlichen Entwicklung (Mader 2015, 2016). Wo stehen wir derzeit (Abb. 8.1)?

Weshalb sind **Netzwerke** heute so zentral für erfolgreiches Management, für Führung und für die Gesellschaft? Und was hat dies alles mit Wissen und Information zu tun? Wenn wir einen Blick auf die Gesellschaftsformen der Geschichte werfen, so wandeln sich diese entsprechend der verfügbaren Information: Am Beginn der **Stammesgesellschaft** wurde die Sprache erfunden. Die Erfindung der Schrift lange Zeit später führte zu einem Wandel zur **feudalen Gesellschaft** und den frühen Hochkulturen seit der Antike: Schriftgelehrte erreichten einen höheren gesellschaftlichen Status und bildeten eine neue Hierarchieebene.

Die Erfindung des Buchdrucks – gemeinsam mit anderen technologischen Innovationen – steht symbolisch am Beginn der **Industriegesellschaft**: Plötzlich war Information für die Massen verfügbar geworden. Alle konnten plötzlich ein Buch haben! Es war jedoch auch hilfreich, lesen zu können, um in den Genuss der Segnungen dieser In-

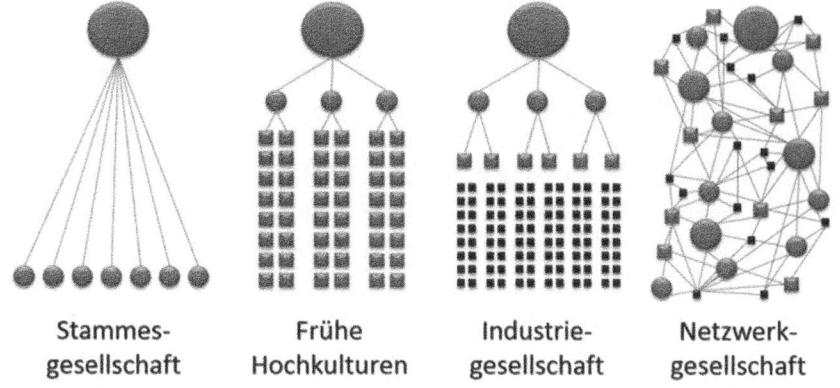

| Stammes-
gesellschaft | Frühe
Hochkulturen | Industrie-
gesellschaft | Netzwerk-
gesellschaft |

Abb. 8.1 Gesellschaftsformen nach Epochen. (Mader 2015)

novation zu kommen. Wie auch in den Zeitenwenden davor sickerte langsam das Verständnis in die Gesellschaft, dass die neue Kulturleistung zu beherrschen einen persönlichen Vorteil bedeutete. Lernen war somit eine Möglichkeit, sich wirtschaftlich und gesellschaftlich besserzustellen. Die neuen Technologien wurden allerdings nicht mit einhelliger Begeisterung aufgenommen. Schließlich setzte sich aber die Überzeugung durch, dass Bildung und das Erlernen der neuen Kulturtechniken das Mittel der Wahl waren, um die Gesellschaft als Ganzes voranzubringen und sowohl Wachstum als auch gesellschaftlichen Ausgleich zu schaffen.

Am Beginn der **Netzwerkgesellschaft** steht die Erfindung des Internets. Auch hier verursachte eine gravierende Änderung in der Verfügbarkeit von Information erneut eine Zeitenwende: Information und Kommunikation für die Massen! Wieder denken wir, dass der Zugang zum Internet vergleichbar wäre mit der Chance, am Beginn der Industriegesellschaft ein Buch zu haben. Ohne lesen zu können, konnte man das Buch nicht nutzen. Ohne digitale Kompetenz entsteht auch heute kein Mehrwert, sondern eine Zweiklassengesellschaft. Auf offener Weltbühne zeigt sich heute in den sozialen Medien, dass es wieder Bildung sein wird, die aus einer an sich nützlichen Innovation eine Kulturtechnik macht, die Wohlstand und gesellschaftlichen Frieden erzeugt, wenn die Bildung dazu in allen Ebenen der Gesellschaft ankommt. Derzeit sind wir noch in der Phase, in der die neue Kulturtechnik gesellschaftliche Spaltung erzeugt, und in der die neuen Möglichkeiten dazu genutzt werden, Desinformation zu streuen, auf die Menschen mangels Informations- und Medienkompetenz massenweise hereinfallen. Hier wird in die nächste Welle neuer Bildung zu investieren sein – und zwar nicht nur bei den Kindern, sondern besonders bei den Erwachsenen.

Der Begriff Netzwerkgesellschaft wurde 1981 von Stein Bråten, einem norwegischen Soziologen, eingeführt. Er beschäftigte sich mit ersten digitalen Modellen der interpersonellen Kommunikation und beschrieb die Netzwerkstruktur dieser Kommunikationsverbindungen (Bråten 1981). 1996 thematisierte Manuel Castells in seinem Buch „The Rise of the Network Society" die entstehende Netzwerkgesellschaft (Castells 1996). Typische Organisationsformen sind Freelancer-Plattformen, Hotelbuchungsplattformen, soziale Netzwerke u. v. m.

Plattformen sind in der Netzwerkgesellschaft die überlegene Organisationsform, deren Performanz weit über jene der hierarchischen Organisation hinausgeht.

Key Points
- Allen neuen Formen der Arbeit und der Organisation ist gemeinsam, dass sie komplexe Aufgaben in netzwerkartigen Teams lösen und damit Komplexität besser im Griff haben und gleichzeitig Verständnis, Vertrauen und Mittragen generieren.
- Um Wissensarbeit produktiver und damit unsere Organisationen wieder dynamischer, kreativer und reaktionsschneller zu machen, sollten wir Hürden abbauen.
- Mit dem Knowledge-Excellence-Modell etablieren Sie Wissensmanagement und New Work – und gleichzeitig jene neue Form des Arbeitens, die in allen Bereichen der Organisation einen neuen Stil der Zusammenarbeit einläutet: ein Netzwerk.

Literatur

Bogsnes, B. (2016) Implementing Beyond Budgeting: Unlocking the Performance Potential. 2. Auflage. Wiley. Hoboken.

Bråten, S. (1981) Modeller av menneske og samfunn. Universitetsforlaget. Oslo.

Castells, M. (1996) The rise of the network society. Blackwell Publishers. Malden, Mass.

Denning, S. (2018) The Age of Agile: How Smart Companies Are Transforming the Way Work Gets Done. Amacom (American Management Association). New York.

Gratton, L. (2022) Redesigning Work: How to Transform Your Organisation and Make Hybrid Work for Everyone. Penguin Business. London.

Hamel, G., Zanini, M. (2020) Humanocracy: Creating Organizations as Amazing as the People Inside Them. Harvard Business Review Press. Boston.

Hope, J., Fraser, R. (2003) Beyond Budgeting: How Managers Can Break Free from the Annual Performance Trap. Harvard Business Review Press. Boston.

Kleiner, A. (2014) China's Philosopher-CEO Zhang Ruimin Haier's leader describes how he built a winning global company by continually reframing his management philosophy. Strategy + Business, 77, Artikel 00296.

Laloux, F. (2014) Reinventing Organizations: A Guide to Creating Organizations Inspired by the Next Stage in Human Consciousness: A Guide to Creating Organizations Inspired by the Next Stage of Human Consciousness. First revised edition. Nelson Parker. Brüssel.

Mader, I. (2015) A Moment of Truth. Global Peter Drucker Forum. Wien. https://www.druckerforum.org/blog/a-moment-of-truth-by-isabella-mader/

Mader, Isabella (2016) Die stille Revolution. Harvard Business Manager, 03/2016. 98–99.

Mauri, T. (2022) How To Spark Performance That Matters. Global Peter Drucker Forum. 24. August 2022. https://www.druckerforum.org/blog/how-to-spark-performance-that-matters-by-terence-mauri/

McChrystal, S., Silverman, D., Collins, T., Fussell, C. (2015) Team of Teams: New Rules of Engagement for a Complex World. Penguin. New York.

Moore, J. (2019) Jos de Blok: Keep It Small, Keep It Simple. Rotamap.net Blog. https://www.rotamap.net/articles/buurtzorg

Robertson, B. J.: Holacracy (2016) Ein revolutionäres Management-System für eine volatile Welt. Vahlen. München.

Steiber, A. (2022) Leadership for a Digital World: The Transformation of GE Appliances (Management for Professionals). Springer. Cham.

Xin, W. (2021) Zhang Ruimin & Haier: A business and life biography. Durnell Marston/LID Publishing. London.

Yangfeng, C. (2018) The Haier Model: Reinventing a multinational giant in the new network era. LID Publishing. London.

9

Epilog

Das wertvollste Gut des 20. Jahrhunderts sah Peter Drucker in der Optimierung von körperlicher Arbeit. Die Herausforderung des 21. Jahrhunderts sah er darin, die Produktivität von Wissensarbeit zu optimieren (Drucker 1999, 2015). Wie bei so vielen anderen Vorhersagen von Peter Drucker sollte er auch hier Recht behalten. Das erste Fünftel des 21. Jahrhunderts ist vorbei. Wie viele Organisationen können heute von sich behaupten, dass sie die Produktivität der Wissensarbeit optimiert hätten und Wissen optimal managen und nutzen?

> **Beispiel**
>
> In 15 Jahren universitärem und privatwirtschaftlichem Unterricht sowie an Akademien der öffentlichen Verwaltung in Deutschland, der Schweiz und Österreich zum Inhalt dieses Buches stellte ich tausenden Studierenden und Seminar-Teilnehmenden die Frage, in welchem Unternehmen, in welcher Organisation Wissensarbeit optimal gemanagt oder etwa nur so einfache Dinge wie das rasche Auffinden des gesuchten Dokuments möglich wäre. In all den Jahren meldete sich nur eine Teilnehmerin zu Wort. „Darf ich Sie fragen, wo Sie arbeiten?" Sie antwortete: „Beim Staatsarchiv. Informationsmanagement und Wissensmanagement sind unser Kerngeschäft. Und wir sind immer noch unzufrieden."

© Der/die Autor(en), exklusiv lizenziert an Springer-Verlag GmbH, DE, ein Teil von **175** Springer Nature 2023
I. Mader, *Wissensmanagement erfolgreich umsetzen*, Beratung im Fokus,
https://doi.org/10.1007/978-3-662-66763-7_9

9.1   Die Zeit von Wissensmanagement ist gerade erst angebrochen

Wissensmanagement selbst kann inzwischen auf systematische Weise eingeführt und laufend betrieben werden. Das systematische, Community-basierte Vorgehen des Knowledge-Excellence-Modells hilft, die betrieblichen Tätigkeiten besser und ressourcenschonender zu erledigen, Mittragen zu generieren und Wissen dafür zu nutzen, die Organisation voranzubringen.

Gut gemachtes Wissensmanagement basiert auf dem Respekt vor Menschen und auf der konsequenten, systematischen, gemeinsamen Arbeit unter Zuhilfenahme passender Methoden und Tools. Immer mehr werden wir uns dabei von Algorithmen und künstlicher Intelligenz unterstützen lassen und mit Bots und Robotern zusammenarbeiten. **Die Herausforderung der Zukunft ist dabei aber weniger, wie Maschinen mit Menschen umgehen oder umgekehrt, sondern wie Menschen mit Menschen umgehen.**

Die Zukunftsfähigkeit und der Konkurrenzvorteil von Organisationen – und Individuen – hängt zunehmend davon ab, wie geeignet sie die Produktivität von Wissensarbeit managen. Das erste Fünftel des 21. Jahrhunderts ist schon um. Es gibt noch viel zu tun.

9.2   Weiterführende Materialien: Es geht weiter!

Wissensmanagement ist nie fertig. Natürlich nicht. Wie ein Haus, ist Wissensmanagement einmal aufgebaut und in Betrieb, braucht es dennoch laufend Arbeit am System, um aktuell und nutzenstiftend zu bleiben bzw. um weiter ausgebaut und verbessert zu werden. Ein Haus muss gereinigt werden, Müll muss entsorgt werden, kleine Schäden ausgebessert, eine Leitung repariert werden. Nach einiger Zeit wollen wir vielleicht auch neu einrichten. Ähnlich verhält es sich mit Wissensmanagement. Es gibt immer wieder einmal etwas zu erneuern, zu aktualisieren, auszusortieren – weil jeden Tag neues Wissen entsteht, neue

Informationen und Ideen dazukommen. Vor allem: Neues Wissen entwickelt sich immer in unvorhergesehene Richtungen.

Dieses Buch endet deshalb hier nur textlich. Es wird auf einer eigenen Webseite zum Buch fortgeführt, wo es laufend neue aktuelle Studien, neue Arbeitsbehelfe wie Checklisten, Unterlagen, aktuelle Artikel und (Ihre) Projekte, Videos, Interviews, Trainings, Praxisbeispiele usw. gibt: www.knowledge-excellence.com.

Dort ist auch der Platz für Ihre Fragen, Ihr Feedback, Ihre Beispiele und Erfolge.

Am Ende des Buches kommt also der Anfang: Ihr Wissensmanagement-Projekt. Es geht los!

Gutes Gelingen wünscht Ihnen

Ihre

Isabella Mader

Literatur

Drucker, P. F. (2015) Management Challenges for the 21st Century. Harper Collins. London.

Drucker, P.F. (1999) Management Challenges for the 21st Century. Harper Business. New York.

The manufacturer's authorised representative in the EU is Springer
Nature Customer Service Centre GmbH, Europaplatz 3, 69115 Heidelberg,
Germany. If you have any concerns regarding our products, please
contact ProductSafety@springernature.com

Printed and bound by CPI Group (UK) Ltd, Croydon, CR0 4YY

28/04/2026

02098502-0001